A. Weinberg

(Aug. '97)

Leonardo Boff
Eine neue Erde in einer neuen Zeit

Leonardo Boff

Eine neue Erde in einer neuen Zeit

Plädoyer
für
eine
planetarische
Kultur

Patmos Verlag Düsseldorf

Die Originalausgabe dieses Buches erschien 1994
unter dem Titel »Nova era. A civilização planetária
Desafios à sociedade e ao cristianismo« im Verlag
Editora Ática, São Paulo.
Die Übersetzung aus dem Portugiesischen
besorgte Horst Goldstein.

Die Deutsche Bibliothek – CIP-Einheitsaufnahme

Boff, Leonardo: Eine neue Erde in einer neuen Zeit :
Plädoyer für eine planetarische Kultur / Leonardo Boff.
[Die Übers. aus dem Portug. besorgte Horst Goldstein]. –
1. Aufl. – Düsseldorf : Patmos-Verl., 1994
Einheitssacht.: Nova era <dt.>
ISBN 3-491-72315-9

 1. Auflage 1994
Umschlagfoto: Stock Image / Bavaria
Gesamtherstellung: Offizin Andersen Nexö, Leipzig
ISBN 3-491 72315-9

Inhalt

Einleitung

Wir beobachten im Moment ein neues Phänomen: Vermittels des Marktes und der Politik, militärischer Strategien und der Technologie, der Kommunikation und der Spiritualität ist ein Prozeß der Mundialisierung in Gang. In Verbindung damit entstehen ein neues Bewußtsein: die planetarische Ebene; eine neue Logik: das Verständnis für die Komplexität der Dinge; und eine neue Kosmologie, in der wir uns daran gewöhnen müssen, daß die Erde ein Teil des Kosmos ist. Betrachten wir die Erde aus der Perspektive von Astronauten, dann zeigt sie sich uns als blauweißer Planet, der allerdings kein unbewegliches Schiff ist, sondern ein gewaltiger lebender Organismus. Dann zeigt sie sich uns als Gaja, als *eine* und differenzierte Wirklichkeit, widersprüchlich und komplementär, als unser gemeinsames Vater- *(pátria)* und Mutterland *(mátria)*. Dann aber kann sich der Mensch nur noch verstehen als Sohn und Tochter dieser Erde, als Frucht von Kräften und Energien, die seit Milliarden Jahren im All am Werk sind.

Ein solches Einswerden erfordert ein zentrales Gehirn. Die Möglichkeiten zur Kommunikation, die Interdependenzen aller von allen in jeder Hinsicht und in jedem Augenblick wie auch die zahlenmäßige Vermehrung der menschlichen Geister, die sich zudem immer deutlicher ihrer gegenseitigen Wechsel- und Rückwärtsbezüge bewußt werden, funktionieren ähnlich wie die Neuronen des Systems Erde. Gehen wir also auf den Anbruch eines neues kollektiven Bewußtseins zu, einer

Noosphäre, wie sich zuvor auch schon die Atmosphäre, die Biosphäre und die Anthroposphäre herausgebildet haben? Steht uns der Anbruch eines neuen Phänomens im Prozeß der Kosmogenese bevor?

Was aber bedeutet in der Dynamik der planetarisierten Welt die Zwei-Drittel-Welt derer, die heute die Waisenkinder der Erde sind?

Welche Rolle spielen die Re-ligionen und namentlich das Christentum beim Entstehen dessen, was alle Phänome verbindet und rück-bindet *(re-ligare)*, will sagen: beim Entstehen der Re-ligion? – ›Religion‹ hier verstanden als Schlüssel zu jenem Heiligen und Geheimnisvollen, das sich in der anbrechenden Wirklichkeit ankündigt und das der menschlichen Erfahrung Einheit und Mittelpunkt verleiht.

Und welche Verantwortung trifft den einzelnen Menschen, wenn er seine molekulare Revolution machen und den rechten Schritt einhalten will auf dem langen Marsch, der ihn zum einem nicht von seinen lokalen Verhältnissen wegführen darf, zum anderen aber auch auf das Globale hin lenken muß?

Neue Weisen brauchen neue Ohren!

Die Überlegungen in diesem Buch sind nichts als erste Entwürfe, nichts als das Stimmen der Instrumente. Sie wollen die Ohren derer, die sich mit ihnen befassen, an die neue Musik gewöhnen. Wir alle sollen ja einstimmen in die große Symphonie der einen Menschheit. Doch dazu müssen wir uns zuvor einsetzen für eine in Mitsprache und Gerechtigkeit, Liebe und Frieden geeinte Erde.

Rio de Janeiro, Ostern 1994

I. Kapitel

Anbruch einer neuen planetarischen Zivilisation
Ein Entwurf aus der Perspektive des Großen Südens

Fachleute, die sich mit der Gesellschaft im Weltprospekt befassen, stimmen heute weithin darin überein, daß wir uns gegenwärtig in einer Phase tiefgreifender kultureller und zivilisatorischer Veränderungen befinden. Wir beginnen eine neue Etappe des Hominisierungsprozesses, wir betreten eine neue Ebene des Bewußtseins und gelangen in eine neue Ära des Planeten Erde. Weder die Weltreligionen noch das Christentum, das ja eine für alle Menschen und auch für die Sinnfindung des Alls gültige Botschaft zu haben und zu verkünden vorgibt, können von dieser Tatsache absehen.

Doch bevor wir uns ein kritisches Urteil bilden über dieses Ansinnen der Religionen wie auch über die Auswirkung des Planetarisierungsprozesses auf das Christentum, müssen wir uns über das Phänomen selbst und die ihm innewohnende Logik klar werden. Der Prozeß vollzieht sich vornehmlich in drei Stoßrichtungen. Diese sind: Veränderung in der Technologie, Mundialisierung der Marktwirtschaft und Anbruch eines neuen, planetarischen Bewußtseins. Im folgenden möchten wir jede dieser Kräfte, von denen die neue Zivilisation entscheidend abhängt, kurz einzeln betrachten.

1. Eine neue Qualität des technologischen Fortschritts

Wie der brasilianische Anthropologe Darcy Ribeiro in seinem bemerkenswerten Buch ›O processo civilisatório – Der zivilisatorische Prozeß‹[1] zeigt, machen sich Veränderungen in der Zivilisation zuerst dadurch bemerkbar, daß es im Dialog der Gesellschaften mit der Welt wie der verschiedenen gesellschaftlichen Akteure untereinander zu neuen Technologien kommt. Und in der Tat: Im Augenblick beschleunigt sich der Prozeß technologischer Mutation zusehends. Einige Schritte dieses Prozesses möchten wir nennen:

Von der Jungsteinzeit bis in die fünfziger Jahre des 20. Jahrhunderts kannte und benutzte die Menschheit zwei Merkmale der Materie: Masse und Energie. Die Masse wurde vor allem seit Beginn des 16. Jahrhunderts in der klassischen Physik von Newton und Galilei erforscht und eingesetzt. Die Energie stand im 19. Jahrhundert und bis zur Mitte des 20. Jahrhunderts im Mittelpunkt der Forschung. Masse und Energie – und da insbesondere Elektro- und Nuklearenergie – führten zu all den Industrialisierungs- und Technifizierungsprozessen der Welt, in denen Geräte jeder Art die Lebensbedingungen der Menschen erleichtert haben.

Doch in der Natur steckt eine weitere Dimension, die bisher überhaupt nicht genutzt worden ist: die *Information*. Jedes Wesen, ob lebend, ob leblos, ist Träger von Informationen, die erfaßt, gemessen (*Bit* = *Binary digit* = Binärstelle, Zweierschritt), gespeichert und com-

1 *D. Ribeiro*, Der zivilisatorische Prozeß, Frankfurt am Main 1971.

puterisiert werden können. Wir können sie in Form von Befehlen in Geräte eingeben, mit denen wir ja in Form von digitalen Haus(halts)geräten (Fernseher, Waschmaschine, elektronischem Telefon, Rechner usw.) inzwischen umzugehen gelernt haben; darüber hinaus wissen wir, daß solche Apparate auch in künstlichen Kommunikationssatelliten und Raumfähren ihren Dienst tun. Telekommunikation, Biotechnik (die DNS-Kette der menschlichen Gene enthält alle Informationen, die zur Konstituierung des Menschen notwendig sind), Informatik und Roboterisierung bringen mit Hilfe der Technik diese neue Kenntnis von der Wirklichkeit, nämlich die Information, zum Ausdruck. Berechnungen, Gestaltungsaufträge und Befehle jeder Art, einschließlich vieler Abläufe in unseren gängigen Pkws, werden dadurch augenfällig erleichtert.

Die Entwicklung bringt ein neues Alphabet mit sich, das der Informatik. Doch dieses macht die Dinge nicht nur annähernd unsichtbar, sondern verkleinert sie auch auf Miniaturmaße. Der Energieverbrauch in der Informatik ist minimal. Zur Verarbeitung eines Bit braucht man gerade ein Zehntel, wenn nicht ein Sechzehntel eines Wärmegrades auf der Kelvinskala. So werden auch Raum und Zeit neu erfahren. Mit einem tragbaren Rechner *(note book)* lassen sich komplizierteste Rechenvorgänge in Bruchteilen von Sekunden mit einem minimalen Energieaufwand bewältigen.

Natürlich beeinflußt eine solche technologische Neuerung auch die sozialen Arbeitsbeziehungen unmittelbar. Ständig werden Arbeitskräfte entlassen, ohne Chance auf Wiedereinstellung. Die Folge ist, daß in der Produktion immer weniger Menschen tätig sind.

So sind wir dabei, eine Informationsgesellschaft größten Ausmaßes und mit steigendem Automationsgrad zu schaffen. Die Wirtschaft verändert sich. Die Meßlatte ist fortan nicht mehr Rohstoffknappheit oder Rohstoffmangel, sondern Reproduzierbarkeit der Güter und möglichst preisgünstige Dienstleistungen.

Die Veränderungen bedeuten erheblich mehr als nur eine weitere industrielle Revolution im Rahmen des bestehenden Entwicklungsparadigmas, wie Alvin Toffler in seinem Buch ›The third wave – Die Zukunftschancen‹[2] wahrhaben möchte. Das natürlich auch. Aber darüber hinaus bringen sie eine förmliche Kehrtwende auf der Achse der Geschichte, insofern sie Schlüsselbegriffe zum Aufbau und zum Verständnis der Gesellschaft, des Entwicklungsprozesses und der Sinnfindung für unseren Weg durch dieses Universum zu Alteisen machen.

So produziert die Informatik zum Beispiel großes quantitatives Wachstum, schafft aber keine Arbeitsplätze. Schlimmer noch: In wichtigen Bereichen von Industrie, Landwirtschaft und Dienstleistung vernichtet sie Arbeitsplätze. Menschliche Arbeit wird zunehmend überflüssig.

a. Von der Gesellschaft der Vollbeschäftigung zu einer Gesellschaft der vollen Betätigung

Bis heute beruhte die gesamte Produktion wie auch ein gut Teil der Kultur auf der Arbeit des Menschen. In den

2 *A. Toffler*, Die Zukunftschancen: von der Industriegesellschaft zu einer humaneren Zivilisation, München 1980.

Verfassungen vieler Nationen wird deshalb auch die zentrale Bedeutung der Arbeit betont. In der Allgemeinen Erklärung der Menschenrechte vom 10. Dezember 1948 heißt es in Artikel 23: »Jeder Mensch hat das Recht auf Arbeit, auf freie Berufswahl, auf angemessene und befriedigende Arbeitsbedingungen sowie auf Schutz gegen Arbeitslosigkeit.« So erwies sich die Arbeit sowohl für den Kapitalismus als auch für den Sozialismus als Triebkraft für Welt und Kultur, als menschliches Grundrecht und als Form, mittels deren sich der Mensch als Schöpfer entfalten konnte. Arbeitslosigkeit bedeutete in der klassischen Gesellschaft eine vorübergehende Funktionsstörung. Das Ideal, das angestrebt wurde, war Vollbeschäftigung für alle. Der Gedanke, Arbeitslosigkeit müsse als Konsequenz einer neuen technologischen Revolution verstanden und in Kauf genommen werden, wäre unvorstellbar gewesen. Alles war so eingerichtet, daß alle ihren Arbeitsplatz und ihre Arbeit hatten. Nun passiert aber genau das Gegenteil, und zwar ein für allemal. Beinahe ohne Einsatz menschlicher Arbeitskraft produziert der informatisierte und robotisierte Produktionsapparat mehr und besser als frühere Mechanismen. Doch die Produktion übersteigt die Bedürfnisse auch der reichsten Länder. Das Gleichgewicht zwischen Produktion und Bedürfnis ist dahin. Damit die Logik aber funktioniert, müssen – und sei es mit künstlichen Mitteln – Bedürfnisse geweckt werden, die dann mit Hilfe einer noch größeren Produktmasse befriedigt werden.

Bei Licht besehen, besteht das Problem im Grunde nicht in der Produktion, sondern in der Kontrolle über die Märkte. Produzieren ist vergleichsweise leicht, schwierig ist der Verkauf. Deshalb muß sich jedes Unternehmen auch erst den Markt für den Verkauf seines Produktes erschließen. Und deshalb geht Kommunikation vor Produktion. Kommunikation ist die Basis für den Markt. Kommunikation muß die Bedürfnisse wekken und in Richtung auf die Erzeugnisse kanalisieren, die auf dem Markt zirkulieren. Damit ist der Kommunikationsbereich – mit Medien und Werbung und mit sogenannten Kulturgütern wie Film, Musik, Foto, Dekoration, Design, Mode, Tourismus, Sport und Freizeit, mit Shows, Kursen und Sportveranstaltungen – das A und O in der kulturellen Revolution. Ja, selbst die Ernährung wurde zur Kommunikation. Man denke nur an Pizzerias und Churrascarias, an Fast Food und Hamburger, an McDonald's und Coca Cola.

Nun macht der immer intensivere Einsatz der Informationstechnologie die Arbeitskraft strukturell immer weiter überflüssig. Hier liegt für alle Länder der Welt – einschließlich der armen Staaten, weil ja auch dort die neuen Technologien in das Produktionsgeschehen eindringen – das große Problem.

Immer haben Menschen davon geträumt, befreit zu werden aus dem Zwang, unter Bedingungen von ermüdender Wiederholung und entmenschlichendem Verschleiß arbeiten zu müssen. Immer haben Menschen danach verlangt, im Reich der Freiheit ohne einengenden Druck schaffen, genießen und sich selbst verwirklichen zu können. Doch die momentane Form der Produktion sortiert die Welt der Arbeit aus. Die Folge ist, daß die Arbeiterschaft auch sozial ausgeschlossen wird und sich unnütz, ja beschämt fühlt.

Die hohen Arbeitslosenquoten in den von der Informatik geprägten Ländern sind strukturell bedingt und werden sich kaum mehr zurückentwickeln. Der Grund dafür liegt im wesentlichen darin, daß die menschliche Gesellschaft in eine neue Phase eingetreten ist.

Zwischen 1970 und 1990 stieg die Arbeitslosigkeit in Europa von 2,4 auf 16 Millionen Menschen an (10% der arbeitsfähigen Bevölkerung). Die Armen werden heute auf mehr als 50 Millionen beziffert. In den USA leben inzwischen schon mehr als 35 Millionen Menschen in Armut.

Im Zusammenwirken mit den ungleichen Verhältnissen auf dem internationalen Markt, auf dem die Reichen zu Lasten der Armen immer besser wegkommen, führten Informatik und Robotisierung zu dem erstaunlichen Ergebnis, daß Europa in den letzten dreißig Jahren seinen Reichtum auf das Dreifache steigern, die Arbeitszeit aber gleichzeitig um ein Viertel kürzen konnte.

In dem Maße, in dem der Überfluß an informatikproduzierten Gütern und Dienstleistungen wächst, wächst auch die Zahl der von Arbeit und Gesellschaft Ausgeschlossenen. Treffend schreibt Jacques Robin, Leiter von ›Transversales, Cience et Culture de Paris‹: »Die Geschichte des Umgangs mit der Technologie kann zum einen verstanden werden als Verbesserung des Lebensniveaus, zum anderen aber auch als Abfolge zweier Formen von Armut: von Pauperismus und von Arbeitslosigkeit, wobei ersterer eine Konsequenz der Arbeit und letztere eine Konsequenz des Fehlens an Arbeit ist.«[3]

Erheblich erschwert wird das Ganze noch dadurch, daß die Vorteile des technologischen Fortschritts nicht sozialisiert werden und nicht der gesamten Bevölkerung

3 Les chemins vers uns société de pleine activité et non plus de plein emploi, Sevilla, 17.–18. September 1992, S. 9.

zugute kommen. Sie werden in noch avanciertere Technologien reinvestiert, damit die Unternehmen im Konkurrenzkampf gestärkt werden, sich auf dem Markt behaupten und noch mehr produzieren können.

Die Logik dieser Art von informatikgesteuerter Entwicklung setzt nur die Perversität in der Stringenz des kapitalistischen Entwicklungsmodelles fort: den Primat des Quantitativen über das Qualitative, des Kapitals und der immer neuen Produktionsmittel über den arbeitenden Menschen, des Materiellen über Humanum, Ethik und Geist.

b. Wirklichkeit als Bild

Wir haben es also mit einer neuen Qualität der technischen Entwicklung zu tun, die auch eine neue Qualität der sozialen Bezüge mit sich bringt. Die Basis ist nicht mehr die Arbeit, sondern Kommunikation und Informatik.

Ein weiteres Element, das die neue Zivilisation ausmacht, ist als – Resultat der Informatik – das Bild. Der in Brasilien lebende Befreiungstheologe José Comblin, der mit scharfem Blick die Veränderungen im Weltmaßstab beobachtet, schreibt treffend: »Derzeit bildet sich ein neues Verständnis von Leben heraus. Die Rolle, die der Mensch in der Gesellschaft bzw. – besser gesagt – im Schauspiel der Gesellschaft spielt, ist wichtiger als seine Arbeit. Deshalb sind gesellschaftliche Aktivitäten wie Repräsentation, Vergnügen und Show der springende Punkt. Für einen Unternehmer sind Pressekonferenzen und Talkshows am Fernsehen wichtiger als die Arbeit. Die Arbeit ermöglicht ihm bloß den Zugang zu einem gewissen Status, zu einem Image. Sein Wert mißt sich nicht an der Arbeit, sondern am Image, das ihm die Arbeit vermittelt. Worauf es an der Arbeit ankommt, ist nicht die Produktion, sondern das Prestige, das diese bringt, ist die Aura, in die sie den Betreffenden in der Gesellschaft hüllt.«[4]

In dieser Gesellschaft der Veränderung gilt die Hauptsorge des Menschen der Verwirklichung seiner selbst. Allerdings hat Selbstverwirklichung nicht in jedem Fall mit Arbeit zu tun. Auch andere Beschäftigungen können da eine Rolle spielen: alternative, selbständige Aktivitäten wie zum Beispiel eine Pension für ökologisch orientierte Gäste oder Dienstleistungen im Sinne persönlicher Hobbys oder Interessen, und sei es die Betreuung historisch interessanter Stätten vor Ort oder die Nutzung einer ökologischen Nische irgendwo an einer malerischen Stelle. Daher auf dieser neuen Stufe die Bedeutung von Freizeit und Urlaub, auf die hin man das ganze Jahr schafft. Das freie Wochenende ist wichtiger als alle Werktage der Woche zusammen.

Das Leben in der Gesellschaft ändert sich. Früher wußte man, was in der Gesellschaft vor sich ging, weil man durch tausendundeine Tätigkeit darin eingebunden war. Heute weiß man, was in der Gesellschaft geschieht, aus den Medien. Was in der Stadt passiert, erfahren wir im Radio, im Fernsehen und in der Zeitung. Aus der Stadt ist ein großes Schauspiel geworden: Einkaufszentren, Auslagen, Spielhallen, Shows. Alles wurde zu Bildern in den Massenmedien. Das Spektakel geht

4 *J. Comblin,* Sinais dos tempos no final do século XX, in: Verschiedene, Vida, clamor e esperança, São Paulo 1992, 31–41, hier 34.

um die ganze Welt: Olympiade und Fußballweltmeisterschaft, Showbusiness und Starsänger wie Pavarotti und Carreras, Elton Johns und die Beatles, Konflikte und Kriege. Das Fernsehen präsentiert uns die Schlachten, und seelenruhig sind wir für die eine oder für die andere Seite, als ginge es um ein Fußballspiel.

Niemand, der nicht zum Zuschauer geworden wäre und es nicht auch sein will. In den Bildern betrachten sich die Bürger und Bürgerinnen, und in die Bilder projizieren sie ihre Identität. Die Identität eines Menschen besteht mehr und mehr in dem Bild, das sich andere von ihm machen, und weniger darin, was er in sich selbst, in seiner eigenen Tiefe und im Dialog mit sich selbst wie mit seinem inneren und äußeren Universum ist. Man ist an dieser Art von Schauspielgesellschaft beteiligt entweder durch reales, aktives Gestalten oder durch Phantasie und Sich-Einlassen auf das Bild. Dazu noch einmal José Comblin: Die große Masse der Bevölkerung treibt keinen Sport, sondern sieht ihn am Bildschirm; macht keine Musik, sondern hört sie sich aus Boxen an; macht keine Geschichte, sondern kommentiert sie am Stammtisch. Das Bild gibt den Menschen das Gefühl, an der Geschichte beteiligt sein und nicht abseits daneben zu stehen.

Alle diese Veränderungen haben auch die alten Tradition des Arbeiterkampfes verändert. Den alten Arbeiter gibt es kaum noch. Immer mehr Arbeiter wissen besser Bescheid als die Unternehmer. Die Informationen und Kenntnisse, mit denen sie umgehen, geben ihnen mehr reale Macht, als der Besitzer ihres Unternehmens hat. Der Unternehmer ist gerade noch Fachmann fürs Management, einer aus der Reihe der Arbeiter also. Um ihren Arbeitsplatz gesichert zu sehen, solidarisieren sich die

Arbeiter mit ihren Unternehmen in Konkurrenz zu anderen Firmen. Statt des alten Klassenkampfes herrscht heute ein Kampf der Unternehmen. Wer sich im Konkurrenzkampf nicht behauptet, geht in die Knie, wird von der stärkeren Firma geschluckt und verschwindet von der Bildfläche. Der Arbeiter, der um seine Stelle bangt, willigt – wenn auch widerwillig – darin ein, für sein Unternehmen zu kämpfen, obgleich es ihn ausnimmt. Aber immerhin bietet es ihm einen sicheren Arbeitsplatz und mithin einen Platz an der Sonne in der Gesellschaft wie auch ein positives Auskommen in der Familie.

So wie die Dinge heute liegen, beginnt ein Nach-Fernseh-Zeitalter. Die Revolution der numerischen, synthetischen, virtuellen Bilder bricht an. Mit der numerischen Synthese (Was wir inzwischen haben, ist nicht mehr bloß das binäre Bit – 0, 1, 0, 1 –, sondern das multiple, 16- bis 64fache Bit, bisher.) und mit mathematischen computererstellten Modellen lassen sich mittlerweile realere Bilder herstellen als mit der Fotografie. Mehr noch: Anders als beim Foto oder beim Video wird als Basis heute überhaupt nicht mehr die sichtbare Wirklichkeit gebraucht. Simulationen bringen auch noch so abstrakte Ideen und noch so kühne Träume sichtbar und realistisch zum Ausdruck. Mit Hilfe der Technik der realistischen Synthese lassen sich Menschen und Dinge klonen (das heißt: perfekt doppeln). Mit Hilfe geklonter Darstellungen von Menschen lassen sich Szenarien schaffen, die etwas völlig Neues darstellen. So kann man etwa einen Benediktinermönch vom Montecassino mit einem Führer des Cluny-Museums in Paris (Cluny steht für die große benediktinische Reform im 11. und 12. Jahrhundert) klonen, und beide werden einem dann das Cluny-Museum im Südwesten Frankreichs zeigen und erklären. Doch das Ganze ist nichts anderes als eine Synthese von Bildern.

Schließlich haben wir inzwischen virtuelle Bilder. Dank der Techniken der stereokopischen Visualisierung fühlen sich Betrachter und Betrachterin in das Bild hingenommen, als wären sie ein Teil der Welt der Bilder rings herum, auf allen Seiten und aus allen Blickwinkeln. Mittlerweile ist die Technik so weit fortgeschritten, daß sie stereografisches Fernsehen mit dreidimensionalem Bild (das sogenannte 3-D-Fernsehen) liefern kann, in das der Betrachtende sozusagen ›hineingehen‹ kann. Ja, mit Hilfe eines Laserstrahls mit niedriger Frequenz lassen sich Bilder auf die Rückwand des Auges projizieren – schlicht, indem der Laserstrahl den Sehnerv reizt. Fernsehbilder und Fernsehbildschirm sind dann überflüssig. Offensichtlich stehen wir am Anfang dessen, was mittlerweile ›kyberspatielle Ära‹ heißt. Dank virtueller Bilder werden neue Formen von Fernpräsenz und Fernarbeit (Telekonferenzen und Visiokonferenzen) möglich. Natürlich eignen sich solche Technologien auch für militärische Zwecke. Schlachten können in synthetisch erstellten Landschaften simuliert werden, und zwar detailgetreuer als in der faktischen Wirklichkeit. (In einem vom Pentagon als ›SAKI Programm‹ bezeichneten Unternehmen kam die Methode im Golfkrieg 1991 zum Einsatz.)

Die sogenannten ›elektronischen Autobahnen‹ bringen auch ein neues Schriftsystem und die Notwendigkeit einer neuen Alphabetisierung (Revolution der Schrift) mit sich. Die Neo-realität, die es inzwischen neben der faktischen Realität ja tatsächlich gibt, braucht eben auch ihr entsprechendes Alphabet. Dabei macht die Neo-realität es möglich, die faktische Realität wirksamer zu kontrollieren und alle, die mit dem Symbolsystem nicht umgehen können, ohne Wenn und Aber auszusortieren. Was wir also brauchen, sind neue Formen einer geistigen Navigation, damit wir uns auf dem teuflischen Meer von Bildern und auf dem höllischen Ozean von Informationen überhaupt zurecht finden.[5]

c. Wie mit der kulturellen Veränderung umgehen?

Um mit der Herausforderung, die die neuentstehende Etappe der Zivilisation mit sich bringt, fertigzuwerden, schlagen Fachleute verschiedene Schneisen und Wege vor.

Zunächst einmal sind vorübergehende Lösungen im Gespräch – wie etwa: kürzere Entfernungen zwischen Wohnort und Arbeitsplatz, Arbeitsverträge auf Solidaritätsbasis und Teilzeitarbeit. Doch auch Veränderungen, die näher an den Kern des Problems herankommen und in Richtung einer umfassenden Teilung der Arbeit, eines Mindestlohnes für alle und einer Neudefinition der Rolle der Wirtschaft und der Funktion der Demokratie gehen, werden erwogen.

Es geht also darum, daß sich unser Gemeinwesen *von einer Gesellschaft der Vollbeschäftigung zu einer Gesellschaft der vollen Betätigung* entwickelt. Eine Möglichkeit dazu wären halbe Stellen für Arbeitslose bei

5 Vgl. *Ph. Quéau,* Le Virtuel. Vertus et vertiges, Paris 1993; *ders.,* La révolution des images virtuelles, in: Le Monde Diplomatique, August 1993, 16–17).

75% des früheren Lohnes. So bräuchten in Frankreich zum Beispiel nur 10% der Vollzeitbeschäftigten ihre Arbeitszeit auf die Hälfte zu verringern, und 1,5 Millionen Menschen hätten eine halbe Stelle.

Um die Produktivität nicht zu beeinträchtigen, schlagen andere vor, die Maschinen nicht nur vierzig, sondern sechzig Stunden in der Woche laufen und von zwei Schichten mit jeweils der halben Arbeitszeit bedienen zu lassen. Wiederum andere Vorschläge gehen dahin, über die Entlohnung für eine halbe Stelle hinaus, einen Technologielohn einzuführen, der so etwas wie eine Beteiligung an den Gewinnen der hochentwickelten Technologie wäre. Doch diese Gewinne würden an eine öffentliche Einrichtung abgeführt, die dann ihrerseits den Technologielohn auszahlte. So würden sich die Menschen daran gewöhnen, neben ihren festen Einkünften einen Lohn zu beziehen, der aus dem Fortschritt der Technologie resultiert. Denn wenn die Entwicklung auch die Arbeit der Menschen überflüssig macht, so brauchen diese dennoch auf einen relativen Ausgleich nicht zu verzichten. Allerdings ist in einer weltweit verzahnten Wirtschaft solch ein Weg nur dann gangbar, wenn ein starker geopolitischer Block dahintersteht und sie gegen die Logik von Konkurrenz und Markt stützt, wie zum Beispiel die Europäische Union oder die NAFTA (USA, Mexiko und Kanada).

In Verbindung mit der Umschichtung der Arbeit könnte es des weiteren einen Mindestlohn für alle geben, den sogenannten Existenz- oder Bürgerlohn. Doch den Existenzlohn einzuführen dürfte – auch aus psychosozialen Gründen – schwierig werden. Dennoch wäre er eine Errungenschaft, welche die Würde des Lebens geradezu erfordert und welche die bereits bestehenden Absicherungen, das heißt Kranken- und Altersversicherung, Arbeitslosenkasse und kostenlose Schulausbildung auf allen Stufen usw., sinnvoll ergänzte.

Neben dem Existenzlohn müßte, nach Einschätzung einiger, auch all den Milliarden von Habenichtsen der Erde ein Überlebenslohn gezahlt werden. Mehr noch: Der Überlebenslohn erweist sich als unumgängliche ethische Pflicht der reichen Länder, weil sie in früheren Zeiten die armen Länder kolonisiert und ausgebeutet haben. Dadurch häuften sie in primitiver Weise unschätzbare Werte bei sich an und konnten den Sprung in Moderne und Industriezeitalter tun. Im Sinne eines sozialen Imperativs und nicht nur aus sozialer Nächstenliebe müßten sie deshalb den Armen von heute und Opfern des Kolonialismus von gestern den Überlebens- und Existenzlohn gewähren. Dies allerdings erfordert eine umfassende Neuorientierung der Weltwirtschaft. Technisch wäre solch eine Umorientierung unter der Voraussetzung möglich, daß alle Völker der Erde die Würde des Menschen ernstnähmen und der politische Wille Raum gewänne, Mittel und Wege dazu zu finden.

Volle Betätigung hieße auch, daß Arbeitslose mit gemeinnützigen Arbeiten betraut würden. Wer zu Hause bleiben müßte, könnte zum Unterhalt der Stadt, ihrer Straßen und öffentlichen Gebäude beitragen. Gefördert werden könnten auch kulturelle Belange, und aufgewertet würden nicht zuletzt künstlerische und geistige Aktivitäten, so daß das Zusammenleben in der Stadt davon profitierte.

Um die gesellschaftlichen Sachzwänge der Produktivität auf einen Nenner zu bringen mit dem Bedürfnis des Einzelmenschen nach Betätigung und mit der Notwendigkeit der Solidarität mit ihm, muß neudefiniert werden, was Wirtschaft überhaupt ist. Bis heute war und ist Wirtschaft die tragende Achse der modernen Gesellschaft. Der Entwicklungsgrad einer Gesellschaft wurde gemessen an ihren ökonomischen Leistungen, wobei jedoch die sozialen Beziehungen ständig zu kurz kamen. Ökonomische Entwicklung galt als Selbstzweck.

Dagegen kommt es heute darauf an, die Wirtschaft in den Dienst an der sozialen Entwicklung und die politische Ökonomie in den Dienst am Gemeinwohl von Gesellschaft und Natur zu stellen. Was wird brauchen, ist also eine Wirtschaft, die das Lebensnotwendige für alle produziert, und keine Wirtschaft, die unbegrenzt nur materielle Waren erzeugt. Die Funktion der Wirtschaft im ursprünglichen Sinn des Begriffs besteht darin, den Mangel zu verwalten, dafür Sorge zu tragen, daß die Menschen ihre quantitativen Lebensbedürfnisse befriedigen können, ihnen den Zugang auch zu qualitativen Gütern zu eröffnen und zu gewährleisten, daß sich die einzelnen ihre Wünsche – in Solidarität mit den Wünschen der anderen – erfüllen können.

Damit diese Vorstellungen in die Tat umgesetzt werden können, ist inzwischen immer öfter die Rede von einem neuen Wirtschaftsparadigma, von einer *multidimensionalen Wirtschaft*. Die multidimensionale Wirtschaft orientiert sich an der zuteilenden Gerechtigkeit, die darin besteht, daß jeder nach seinen Bedürfnissen, seinen Talenten und seiner Arbeit bekommt. So führt kein Weg daran vorbei, die Marktwirtschaft zu relativieren. Wo dieses Modell von Wirtschaft vorherrscht, sind Monopol- und Kartellbildung, das heißt die Vormachtstellung des Stärkeren, unausweichlich. Und in armen Ländern führen Monopole dann zur Schwarzmarktwirtschaft. Im übrigen verkennt und entwertet die Betonung allein der Marktwirtschaft andere für ein Gemeinwesen wichtige Dimensionen, wie: die menschliche Entwicklung, die Ökonomie des Schenkens und des Verteilens wie auch gemeinnützige Tätigkeiten ohne lukrative Absichten. Wo der Markt sich allein überlassen bleibt, entfaltet er eine perverse Logik: Maximierung der Gewinne auf der Grundlage von möglichst geringen Kapitalinvestitionen. Jedoch, solch eine Logik darf allenfalls für einige Bereiche gelten, keinesfalls für das Gesamtgeschehen von Wirtschaft und Gesellschaft. Der Markt ist eine unerläßliche soziale und demokratische Größe: der Ort sozusagen, an dem sich Angebot und Nachfrage treffen und die Konsumbedürfnisse der gesellschaftlichen Akteure befriedigt werden. Was wir brauchen, ist also eine Wirtschaft *mit* Markt und keine Wirtschaft ausschließlich *des* Marktes.

Regierungen und Unternehmen, die erkannt haben, daß sich ihre Wirtschaftspolitik an der Pluridimensionalität der Ökonomie zu orientieren hat, streben keine unbegrenzte Produktion von Reichtum und Vollbeschäftigung an. Solchen Regierungen und Unternehmen geht es vielmehr um die Produktion einer tragfähigen Gesellschaft, in der sich die Menschen voll betätigen und einen möglichst überzeugenden Sinn für Zusammenleben entwickeln und alle der Tendenz nach zumindest ihren Platz finden können.

Das wirtschaftliche Phänomen stellt einen Aspekt der menschlichen Betätigung und einen Teil der Biosphäre dar. Aus diesem Grund kommt heute kein Mensch an der

Ökologie vorbei. Die Ökologie verdient höchste Beachtung – neben, wenn nicht vor allen anderen Kriterien für eine Wirtschaftspolitik nachhaltiger Entwicklung:

1. Reproduktion der Produktivkräfte und der Produktionsfaktoren, ohne die Mangel, Not und Elend nicht überwinden werden können;

2. Entwicklung von soziokulturellen Werten, die mit den Veränderungen im Leben der Gesellschaften einhergehen und deshalb immer offen sein müssen, damit kulturelle Entwurzelung und Entleerung des Lebenssinns vermieden werden;

3. pfleglicher Umgang mit der Umwelt – mit Hilfe von Technologien, die mit der Natur und nicht auf Kosten der Natur oder gar gegen die Natur arbeiten, die das Ziel verfolgen, zu ernten, ohne zu zerstören, und die das Ökosystem wohl verändern, es aber nicht in seinem Gleichgewicht stören.

Eine multidimensionale Wirtschaft, die effizient sein soll, kommt nicht ohne öffentliche Gewalten (Staat) aus. Zwar haben sich diese die Geschichte hindurch nicht gerade als verläßliche Träger der sozialen Aufgaben erwiesen; denn in nahezu allen Ländern sind sie von Korruption und Verschwendungssucht infiziert. Dennoch sind sie unerläßlich sowohl als Ort, an dem die Spielregeln und die juristischen und ethischen Leitlinien des Geschehens festgelegt werden, wie auch als Instanz, die die Dimensionen der Zukunft in die Strategien der Gegenwart umsetzt, damit eine nachhaltige Entwicklung möglich wird, welche der Gegenwart gerecht wird, ohne Schaden für die kommenden Generationen vorzuprogrammieren.

Zusammen mit dem Staat muß die zivile Gesellschaft

gestärkt werden. Die zivile Gesellschaft ist nämlich der Raum, in dem die Fragen des Gemeinwohls diskutiert, Optionen entwickelt und Orientierungen definiert werden. Aus diesem Grund können wir uns nicht einfach zufriedengeben mit einer repräsentativen Demokratie, sondern wir müssen – ohne das Prinzip der Repräsentation aufzugeben – den Weg zu einer partizipativen und ökologisch-sozialen Demokratie finden.

Ernsthaft zu befürchten ist indes, daß die politisch Verantwortlichen weder das kulturelle noch das geistige Profil haben, die Tragweite dieser Fragen zu begreifen. Sie hantieren mit Kategorien und Modellen konjunktureller Krisen der Vergangenheit und erfassen nicht das Neue an dieser regelrechten Revolution, die wir gegenwärtig erleben. Mitunter treten sie zwar mit neuen Masken auf, im Grunde jedoch spielen sie weiter ihr Theaterstück von gestern.

d. Auswirkungen der neuen Gesellschaft auf die Armen der Welt

Zwei Drittel der Menschheit haben nichts von dieser neuen Gesellschaft. Jeden Tag aufs neue sorgen sie sich um die Befriedigung ihrer Grundbedürfnisse, kämpfen ums blanke Überleben. Ihnen genügen klassische Wissenschaft und traditionelle Technik, um innerhalb ihres Viertels in den Genuß eines Mindestmaßes an gesunden Lebensverhältnissen zu kommen: Wasser und Gas, Kanalisation und Verkehrsanbindung, ein Dach über dem Kopf und Schule für die Kinder, minimale Gesundheitsdienste, Sicherheit und Freizeitmöglichkeiten. Modernes Leben heißt für diese Menschen, endlich so viel Anteil am Fortschritt zu bekommen, daß sie ein Minimum an Menschenwürde erfahren können. Doch, obwohl sie die Mehrheit sind, stehen sie unter dem Diktat elitärer Minderheiten ihrer jeweiligen Länder, die sich aufgrund ihrer weltweiten Ambitionen bereits nach dem Muster der neuen Zivilisation gebärden.

Diesen liegt an der Informations- und Kommunikationsgesellschaft. Doch damit begeben sie sich sozusagen auf Inseln, von denen aus sie selektiv an der neuen Kulturstufe teilnehmen. Die Zwei-Drittel-Gesellschaften der Verarmten und Verrandeten jedoch reproduzieren die Schauspielgesellschaft – mit Fernsehen, Shopping Centers und Spielhallen, mit Rock und Jazz. Die einen haben realistisch teil an den neuen Gegebenheiten vermittels der modernen Enklaven, das heißt, indem sie die neuen Technologien konsumieren, die anderen in der Phantasie, indem sie sich an die Bilder klammern. Immer rascher entwurzelt die Schauspiel-Gesellschaft Landarbeiter und Kleinbauern, aber auch die Menschen in den ländlichen Städten. Die Bauern verlassen das Land und ziehen in die Stadt, weil sie dort das Zentrum von Spektakel, Traum und Phantasie verorten. Die Verslumung der meisten Länder des Südens geht auf die Faszination zurück, welche die Stadt auf das Land ausübt. Favelabewohner mögen kein Brot auf dem Tisch haben, aber einen Kassettenrekorder oder etwas Ähnliches und einen Fernseher haben sie. Denn wer möchte die Welt des Bildes und mithin die Wunsch- und Traumwelt schon missen?

Um überleben zu können, greifen die Menschen immer häufiger zur informellen Wirtschaft. Unter denen, die von der informellen Wirtschaft abhängen, entsteht ein neues Modell von Solidarität, wie auch andere Formen von Widerstand und Kampf. Allerdings vollzieht sich das Ganze unter großen Schwierigkeiten; denn das Bewußtsein dieser Menschen ist gebrochen und besteht nur noch aus den Resten der einen und anderen Kultur: der ländlichen, städtischen, modernen und informatisierten. Niemand kann voraussagen, wie das Schicksal jener Milliarden von Menschen auf der weiten Erde aussehen wird, die total am Rande dieser neuen Informationskultur dahinvegetieren oder gar aus ihr aussortiert worden sind.

e. Merkmale der anbrechenden planetarischen Gesellschaft

Schließlich sei noch darauf hingewiesen, daß die neuen Informations- und Kommunikationstechnologien zu einem neuen Typ von Gesellschaft führen. Marjorie Jouen und Marc Luyckx stellen einige Merkmale dieser anbrechenden Gesellschaft der heute noch vorfindlichen Industriegesellschaft Zug und Zug gegenüber:

Gesellschaft der Vergangenheit	Anbrechende Gesellschaft
Soziale Strukturen	
Passive Konsumenten	Akteure mit Fähigkeit zum kulturellen Ausdruck Zuschauer
Vorsehungs-Staat	Bürgerliche Gesellschaft
Repräsentative Demokratie	Partizipative Demokratie

Merkantile Gesellschaft	Gesellschaft in weltweitem Zusammenspiel
Nationen	Erde

Beziehungen zwischen Regierenden und Regierten

Hierarchische Macht	Beziehungen der Gleichheit
Distanz	Transparenz
Kommunkation von oben nach unten	Hinhören und Austausch von Information – Bilder
Monopolisierter Diskurs seitens der Leitenden	Die einzelnen informieren sich selbst

Werte

»Gespür« für Transzendenz	»Gespür« für Immanenz
Primat der Ökonomie	Primat der Kultur
Fülle	Kargheit
Anpassung	Mitverantwortung
Freiheit	Lebensqualität, Integration

f. Methodologische Fragen

Was ist zu tun, damit das Profil der sich abzeichnenden neuen Gesellschaft Bestand haben kann? Folgende Denkansätze werden im Augenblick genannt:

aa. Ein neues Verhältnis des Menschen zu Wahrheit und Wahrhaftigkeit

Wahrheit und Wahrhaftigkeit sind unerläßlich, wenn wir uns ungehindert und vorurteilsfrei der gegenwärtigen kulturellen Veränderung stellen wollen. So haben die neuen Informationstechnologien den Begriff der Wahrheit wie auch den Zugang zur Wahrheit aus dem Lot gebracht.

In unserer kulturellen Tradition kennen wir zwei Annäherungen an die Wahrheit: Eine eher erkenntnistheoretische Definition besagt, Wahrheit sei der Einklang unserer Darstellung mit der Wirklichkeit. Eine zweite Begriffsbeschreibung hat eher ontologische Qualität und behauptet, Wahrheit sei, was sich von der Wirklichkeit selbst in unserer Existenz zeige. Wahrheit, im Leben veri-fiziert, heißt Wahrhaftigkeit. Wahrhaftigkeit meint die Fähigkeit des Menschen, achtsam auf das zu hören und aufmerksam das zu erwarten, was sich uns offenbart. Die gängige Form, in der wir Wahrheit mitteilen, ist das Wort, das vergeht, und der Text, der bleibt.

Die Informationsgesellschaft operiert mit Bildern und Szenarien. Sie versucht, die Bewegung der Dinge und deren Konfigurationen vom jeweiligen Gesamt der Beziehungen wie vom jeweiligen Kontext der Wirklichkeit her zu erfassen. Der Mensch ist Teil solcher Szenarien. Er wird der Wahrheit inne, wenn er sich auf die wandelnden Szenarien einläßt. Wahrheit heißt: den Sinn des Szenariums erfassen und dabei offen sein für das Ganze der Wirklichkeit, so sehr es auch geprägt ist von Komplexität, Widerspruch, Komplementarität und Evolution. Ordnung, Unordnung und Strukturen bilden, wie Ilya Prigogine nachgewiesen hat, die der Wirklichkeit zugrundeliegende Dynamik. Wer am Text bzw. an der im Text gesagten und geoffenbarten Wahrheit kleben bleibt, versteift sich auf einen einzigen Moment im Szenarium der Geschichte und begibt sich ihres evolutiven und offenen Sinns.

Menschen in der Informationsgesellschaft tun sich ausgesprochen schwer, autoritär (vertikal) und integralistisch (»Meine Wahrheit oder keine Wahrheit«) vermittelte Wahrheit zu akzeptieren. Dagegen machen die neuen Informationstechnologien es den einzelnen möglich, sich die Macht und das Bild bzw. das Wort selbst anzueignen. So ist der einzelne Mensch nicht einfach Ausführorgan oder Fahrzeug, das eine von oben herab kommende Botschaft transportiert, sondern Mitproduzent und Mitautor. Information ist ihrer Natur nach kommunizierbar und folglich demokratisch.

bb. Heute wissen wir, wie komplex alles ist; was nottut, sind also dialogische Vernunft und eine Logik, die das Leben integriert

In unserer Kultur gaben bisher lineare Logik und ein in eine einzige Richtung zielendes Ursächlichkeitsdenken den Ton an. So galt die Logik der Identität und des ›*Tertium non datur*‹. Doch der Kern heutiger Wahrnehmung besteht darin, daß man sich der Komplexität der Dinge bewußt geworden ist. Neben dem Gescheiten begegnen wir auch immer dem Nicht-Gescheiten. Gegenteil und Widerspruch heben die Wirklichkeit nicht auf, sondern verweisen auf ihre Pluridimensionalität. Chaos und Ordnung gehören zusammen. Auch der Mensch ist zugleich *sapiens* und *demens*, das heißt ein vernunftbegabtes, zugleich aber auch zügelloses und irres Wesen. Aus diesem Grund müssen wir Schluß machen mit den ausschließenden Diskursen jener, die der romantischen Auffassung anhangen, das einfache Volk wisse alles und die Basis habe immer recht, wie auch mit der Arroganz von Technokraten und Politikern, die sich weder ihrer Grenzen noch ihrer eigenen Dummheit bewußt sind.

Auf der Grundlage solcher Einschätzungen werden Ja-Nein-Lösungen vermeidbar. Ganz besonders wichtig ist diese komplexe Logik beim Schlichten von Konflikten. Bei den GATT-Verhandlungen standen sich zwei Gruppen gegenüber: Die eine sah den Protektionismus schon wiederkommen und wollte deshalb die Öffnung für neue Handelsmethoden, und die andere sträubte sich dagegen und beharrte auf den im Laufe der Geschichte von den reichen Ländern – zum Schaden der übrigen Staaten – erworbenen Vorrechten. Die Lösung, die man fand, bestand darin, daß man weitere Gesprächsteilnehmer in die Runde einlud: Vertreter und Vertreterinnen der zivilen Gesellschaft aus aller Herren Länder – wie Gewerkschaften, Kirchen, Ökologiegruppen, Ureinwohner usf. Dank der Mitwirkung dieses Kreises dämmerte den Verhandelnden, daß die reichen Länder einen Wirtschaftskrieg gegeneinander führen und daß sie untereinander zwar gespalten sind, aber zusammenhalten, wenn es gegen die armen Nationen geht. Die Mitwirkung dieser Kreise machte deutlich, daß die Waffen unbedingt niedergelegt werden müssen, ja – besser gesagt – daß ökonomisch abgerüstet werden muß, wie Ricardo Petrella, Koordinator des Wissenschafts- und Technologieprojektes der Europäischen Union, sich ausdrückt. Und schließlich breitete sich die Einsicht aus, daß es nur vernünftig ist, Produkte, die das Ökosystem angreifen, höher zu besteuern, Technologien, die in Einklang stehen mit den verschiedenen Ökoregionen der Welt, zu fördern und die kollektiven Probleme, mit denen der größte Teil der Menschheit zu kämpfen hat, dezidiert anzugehen, das heißt: chronischen Hunger, Krankheit, Wohnungsnot, Arbeitslosigkeit usw. Allein eine dialogische und einschließende Logik, die ja das Charakteristikum lebender Organismen ist, wird der Komplexität der Wirklichkeit, wie wir sie heute erfahren, gerecht.

cc. *In der kulturellen Erinnerung untergegangene Initiativen wiederbeleben*

Alle Kulturen tragen in ihrer Erinnerung ein enormes Gut an Initiativen, die keine Chance hatten, verwirklicht zu werden bzw. die aufgrund welcher Umstände auch immer scheiterten. So ist zum Beispiel der Lohn ein vergleichsweise neues Phänomen. Vorher kannte man nur den Begriff der Tätigkeit bzw. des ›Werkes‹, aufgrund dessen man ein Entgeld bekam. Das Entgeld war sozial verankert und richtete sich nach den verschiedensten Kriterien, wie Bedürftigkeit, gesellschaftlichem Stand, Arbeitszeit, Kreativität, Genialität usf. Die Einführung der Gesellschaft der Betätigung neben der Gesellschaft der festen Arbeit zwingt uns, auf eine andere Art der Vergütung zurückzugreifen, die nicht unbedingt die Form des Lohnes ist. Amerindianische und afrikanische Kulturen gehen von der Gemeinschaft aus. Wenn Menschen dieser Kulturkreise produzierten, taten sie das stets in feiner ökologischer Einfühlung. Arbeit war für sie ja keine zügellose Ausbeutung der Möglichkeiten der Natur, sondern war so etwas wie Unterstützung von Mutter Erde beim Hervorbringen der Güter, die sie zum Leben und im Sinne des Gemeinwohls brauchten. Doch der Kolonialismus und die Dampfwalze der modernen Produktionslogik machten derartige kulturellen Formen der Produktion platt. Wenn wir heute nach Produktionsprozessen Ausschau halten, durch die die Natur nicht mehr ausgebeutet wird, können gerade sie uns inspirieren. Abgesehen davon müssen die alten amerindianischen und afrikanischen Populationen es vielfach erst wieder lernen, aus diesen Traditionen zu leben.

dd. Ordnung und Hierarchie in den Bildern

Die Produktion von Bildern ist bare Anarchie und die Fülle der Botschaften ein rechtes Tohuwabohu. Politik und Massenmedien können nach Belieben manipulieren, tricksen und verdrehen. Die Grenzen zwischen Wahr und Falsch werden ausgesprochen fließend; und immer schwerer tun wir uns, zu überprüfen, ob eine Darstellung stimmt oder eine Auswertung Glauben verdient.

Das Bild schuf eine neue Schrift mitsamt einem neuen Alphabet. Das eine wie das andere kommt nicht von selbst zustande; beides ist eine Projektion und steckt voll heimlicher Absichten. Aus diesem Grund müssen die Informationen, die damit produziert werden, auch innerhalb ihres Kontextes gelesen und gedeutet werden, so wie wir es schon im Hinblick auf die Schrift gelernt haben.

Virtuelle Bilder sind imstande, uns in jede Form von projizierter Wirklichkeit eintauchen und darauf umherreiten zu lassen. Virtuelle Bilder ebnen alles in ein und denselben Symbol- und Phantasiekodex ein. Wie jedoch die Betroffenen darauf reagieren, kann in der Tat unterschiedlich sein. So lassen sich etwa Bilder voller Ausschweifung, Sadismus, Masochismus oder Brutalität gegen Unschuldige herstellen. Angesichts solcher Bilder ist der Mensch als ethisches Wesen gefordert, das die Gesichtspunkte auseinanderhält, das herausfindet, wieweit eine Botschaft im menschlichen Sinn wahr bzw. im ideologischen Sinn falsch ist, und das vorgetäuschte Sinnevidenzen entlarvt. Doch derartige Fragen verweisen auf noch grundlegendere Probleme: Was ist der Mensch? Was ist die Berufung des Menschen? Wie genau kann der Mensch Mensch bleiben?, wie sich mit-entwickeln?, wie mit-leben? – und wie sich in das Gesamt der Natur hineingeben, in dem Bewußtsein, ein Teil der Natur zu sein und sich nicht wie jemand gebärden zu dürfen, der durch die Natur einfach hindurcheilt, in dem Gefühl, nichts mit ihr zu tun zu haben, ja über ihr zu stehen?

Selbstverständlich bringt das Gebäude solch einer virtuellen, phantastischen Welt die Psyche des Menschen gründlich durcheinander, einschließlich seiner Fähigkeit, sich angesichts der Flut von Informationen und Produktangeboten überhaupt noch zurechtzufinden. Deshalb legt José Comblin Wert darauf, zu sagen, ebenso wichtig wie das Sehen seien das Nicht-Sehen, das Nicht-Wissen und das Sich-nicht-Informieren. Etwas nicht zu lernen ist womöglich genau so hilfreich wie es zu lernen. Die Inflation der Bilder kann einem den Boden der harten Wirklichkeit unter den Füßen wegziehen. Der Mensch kann nicht bloß von Darstellungen leben und bloß in Bildern hausen, so sehr sich diese auch als realer denn die Realität ausgeben. Vielleicht ist es gerade die übertriebene ›Realität‹, die diese als künstlich und falsch verrät, weil das Reale ja immer undurchsichtig und widersprüchlich ist und der Ergänzung bedarf: *sapiens* und *demens*, greifbar und denkbar. Hätte der Mensch hingegen mit dem Realen, so komplex und herausfordernd, dunkel und leuchtend es ist, direkte und unmittelbare Fühlung, würde er vergehen. Der Mensch hat zu sein, wozu ihn die Spitze der Evolution bestimmt hat: Mit-schöpfer und Mit-lenker der Natur, der sich nie über die Schöpfung erhebt, sondern sich immer versteht als Teil und Stück der Erde, als ein ethisches Wesen, das Mit-verantwortung trägt für seine Welt.

2. Der Prozeß der Mundialisierung

Ein zweites Faktum, das den Anbruch einer neuen, planetarischen Zivilisation anzeigt, ist der beschleunigte Prozeß der Mundialisierung. Natürlich ist das Ganze nicht erst von heute. Die Wurzeln der Mundialisierung reichen zurück bis ins 16. Jahrhundert, genau bis ins Jahr 1521, als Fernão de Magelhães zum erstenmal die Welt umsegelte, damit empirisch bewies, daß die Erde tatsächlich rund ist. Seit der Zeit steht das Tor offen zur Verwestlichung des Planeten. Von Europa ging das kolonialistische und imperialistische Abenteuer von Eroberung und Unterwerfung zahlloser Länder aus. Die Europäer bedienten sich ihrer in ihrem Interesse, will sagen im Sinne von Machtentfaltung und Bereicherung, vom Aufzwingen weißer, westlicher Kultur und von zwangsweiser Christianisierung ebenso wie vom hemmungslosen Aufdrängen individualistischen Denkens. Aus der Perspektive der Opfer auf der Südhälfte der Erde kommen wir nicht umhin, zu sagen, dieses ganze Abenteuer sei verbunden gewesen mit allen nur möglichen Formen von Gewalt: mit Genozid, Ethnozid und Ökozid. Mit einem treffenden Ausdruck nennt Edgar Morin all diese Jahrhunderte »Eisenzeit der planetarischen Ära«[6]. Dieser Widersprüche unbeschadet, wenn nicht dank ihnen wurde der Grundstein gelegt für die Mundialisierung, die ja inzwischen immer rasanter vonstatten geht.

Der Prozeß spielt sich an verschiedenen Fronten ab. Einige davon wollen wir uns etwas näher anschauen.

6 *E. Morin*, Terre – patrie, Paris 1993, 18.

a. Mundialisierung durch Wirtschaft und totalen Markt

Ihre augenfälligste Seite zeigt die Mundialisierung in der wachsenden Interdependenz aller Wirtschaften und in der Integration aller Märkte, so daß im Grunde nur noch ein einziger totaler Markt übriggeblieben ist. Doch zunächst muß einmal betont werden, daß die vermeintliche Interdependenz in Wirklichkeit nur die Abhängigkeit der Länder am Rande des Systems von denen im Zentrum kaschiert, da ja die Beziehungen weder symmetrisch sind noch auf Gleichheit beruhen; aber ohne das gibt es keine echte Interdependenz. Die Länder, die sich keine selbsttragende Entwicklung leisten konnten, stecken in Sachen Technologie, Finanzen, Politik und Ideologie in einer tiefen Abhängigkeit. Ungeachtet dessen ist Tatsache, daß heute kein Land sich selbst genügt und innerhalb seiner Grenzen den Schlüssel zur Lösung seiner Probleme finden kann. Die Lösung für die Herausforderungen in Deutschland bzw. in Brasilien liegt weder allein in Brasilien noch allein in Deutschland, sondern in der Art und Weise, wie sich beide Länder zum politischen Gesamtgeschehen auf Weltebene verhalten. Was in einem Land passiert, wirkt sich unmittelbar auf das Ganze aus.

Wie, zum Beispiel, kam es in Kolumbien zur Produktion von Koka – und damit von Kokain – in so großem Maßstab? Weil der Kaffee auf dem Weltmarkt in eine Krise geraten war, gingen die Bauern dazu über, statt des Kaffees Koka anzubauen. Koka schafft sich seinen Markt und der Markt seinen Drogenhandel. Drogenhandel bringt viel Geld. Doch damit das Geld in den legalen Finanzkreislauf eingespeist werden kann, muß es zuvor gewaschen werden. Gewaschen wird es im Steuerparadies auf den Bahamas oder auf Schweizer Banken, die – wie andere Banken auf der Welt auch – nicht mehr nach der Herkunft des Geldes fragen, ob es aus der Drogenproduktion, aus dem internationalen Waffenhandel oder aus der Korruption stamme. Kapital ist Kapital, und *pecunia non olet* (Geld stinkt nicht), wie schon die Römer sagten. Hier gelandet, kann das Geld nun auf dem Markt zirkulieren und ermöglicht weitere illegale Aktivitäten, wie Glücksspiel, international organisierte Prostitution oder Waffenhandel. Zu letzterem denke man nur an die Kriegsfronten im ehemaligen Jugoslawien, in Nordirland, im Iran oder sonstwo auf der Welt, wo bewaffnete Konflikte herrschen.

Ein anderes Beispiel für Interdependenz ist Deutschland. Zur Finanzierung des Einigungsprozesses zwischen dem Ost- und dem Westteil des Landes beschließen die verantwortlichen Stellen die Erhöhung der Zinsen wie auch die Einführung eines Solidaritätszuschlages. Die Lage auf dem Finanzmarkt zieht nun Kapital aus aller Welt an, insbesondere aus Nachbarländern wie Frankreich und England. Um zu verhindern, daß das Kapital bei ihnen abfließt, beschließen diese ihrerseits höhere Zinsen und ziehen wiederum fremdes Kapital an. Die armen Länder, die zur Finanzierung ihrer Entwicklung auf Kredite angewiesen sind, sehen sich dabei gezwungen, die verlangten hohen Zinsen zu zahlen und mithin das Anschwellen ihrer Auslandsverschuldung in Kauf zu nehmen. Die Mittel für den Import werden weniger, der technologische Rückstand wächst, und die Abhängigkeit von den Ländern des Zentrums nimmt zu.

So wird deutlich, daß die verschiedenen nationalen Ökonomien alle miteinander verwoben sind. Einerseits wächst die Einheit zwischen Märkten und Ländern, andererseits wächst aber auch die Abhängigkeit der Schwachen von den Starken. Gleichheit und Ungleichheit nehmen im Weltmaßstab zu. So konsumieren 17% der Weltbevölkerung 80% der Produktion, während 83% der Menschheit ganze 20% der Erträge zur Verfügung haben, um ihre Bedürfnisse zu befriedigen. Wer vermag angesichts solcher Zahlen noch an Vernunft, an menschliches Gefühl oder gar an Mitleid zu denken?

Hinzu kommt die Tatsache, daß die Kontrolle über angehäufte Informationen und wissenschaftlich-technische Kenntnisse wie auch die Möglichkeit zu neuen Erfindungen die rentabelsten Waren auf dem Weltmarkt sind. Hierin sehen die zentralen Länder des integrierten Weltsystems ihre Reserven, die sie mit größter Sorgfalt zu hüten haben. Auf der Grundlage solcher Oligopole besteht – im Rahmen allgemeiner Interdependenz – nach wie vor ein Verhältnis der Abhängigkeit.

Wie M. Arruda und R. A. Dreifuss ausführen, fördern vor allem drei Faktoren die Mundialisierung auf der Ebene der Wirtschaft:

1. Frühere multinationale Konzerne entwickeln sich mehr und mehr zu Megazusammenschlüssen und strategischen Korporationen mit globalem und multisektoralem Wirkungsradius. Als regelrechte Weltfirmen agieren sie auf allen Erdteilen und haben nicht mehr nur einzelne Nationen und regionale Märkte im Visier, sondern den totalen Markt. So operiert zum Beispiel die Mitsubishi-Gruppe mit Sitz in Japan in neunzig verschiedene Sektoren. Ähnliches gilt von ASEA-Brown

Bovery im Bereich Schwermaschinen, von Daimler-Benz in der Automobil- und Waffenherstellung oder von Ciba-Geigy im pharmazeutischen, chemischen und agroindustriellen Segment. Unabhängig von ihren jeweiligen Ursprungsländern schließen sich diesen Konzerne zusammen und bilden ein im wahrsten Sinne des Wortes globales Netz mit komplizierten Beziehungen und mit minimaler Rücksichtnahme auf die Interessen der eigenen Nation und des eigenen Volkes. So lassen sie sich mit ihren weltweiten Aktivitäten überhaupt nicht mehr kontrollieren. Ein Beispiel dafür ist der Zusammenschluß zwischen der Ford-Gruppe (USA) und der Mazda-Gruppe (Japan), der natürlich nicht hinter transkulturellen Verbindungen wie Chrysler-Mitsubishi, Chrysler-Maserati, General Motors-Isuzu, Fiat-Nissan und Globo do Brasil-Time Life zurückstehen will. Alle diese Konglomerate operieren auf Weltebene und reagieren äußerst flexibel je nach Märkten und Gewinnchancen.

2. Im Rahmen des größeren Prozesses der Mundialisierung organisieren sich auf den verschiedenen Erdteilen aber auch einzelne Gruppen. Zu nennen sind da der japanische Block, die asiatischen Tiger, die NAFTA (USA, Mexiko und Kanada), die Europäische Union und der Mercosul (Brasilien, Argentinien, Uruguay). In dem Bestreben, auf dem Weltmarkt Nummer Eins zu werden, liefern sich die drei erstgenannten Blöcke förmliche Wirtschaftskriege. Die Rivalität bringt zwar gewaltige technologische Fortschrittsschübe mit sich, verschärft aber zugleich auch die ökologische Krise und die Verrandung, wenn nicht den Ausschluß der technologisch rückständigeren Länder.

3. Über viele nationale Grenzen hinweg entstehen parallel dazu organische Eliten, die das wirtschaftliche und politische Steuer der Erde herumreißen wollen. Dazu muß natürlich die Rolle des Staates wie der nationalen Eliten eingeschränkt werden, will er Antworten geben können auf die weltweiten Veränderungen, für welche die national-staatlichen Grenzen inexistent geworden sind. Auch die Umweltzerstörung mit ihren perversen Folgen macht nicht halt an den politischen Grenzen der Völker. Die Verantwortung hat kollektive Ausmaße angenommen und übersteigt Nationen und Staaten.

Schließlich konfrontiert uns das Phänomen der Mundialisierung in der Wirtschaft mit der dramatischen Frage, an deren Antwort kein Weg vorbeiführt, wie auf persönlicher, gemeinschaftsbezogener, nationaler, kontinentaler und planetarischer Ebene in einer Gesellschaft die Mindestbedürfnisse der Menschen zu befriedigen seien, wobei aber die Einheit der Menschheit nicht gefährdet werden darf und zwei Drittel der Armen des Großen Südens nicht in Kriege ums blanke Überleben geschickt werden dürfen. Nachdem sie von den immensen technologischen Errungenschaften bisher entweder allenfalls etwas am Rande oder überhaupt nichts hatten, nehmen sie das Todesurteil, das über sie gefällt worden zu sein scheint, nicht mehr ohne weiteres hin. Was ist zu tun?

Die Notwendigkeit, daß die Menschen ihre Mindestbedürfnisse im Rahmen der Gesellschaft befriedigt sehen, bringt noch einmal die Frage des Sozialismus auf den Tisch. Wenn es darum geht, den globalen sozialen Bedürfnissen, einschließlich des Gemeinwohls der Natur, gerecht zu werden, erweist sich der Sozialismus nach wie vor als geeignetere politische Form denn andere bekannte Gesellschaftsmodelle. Ohne die Sozialisierung der Mittel zum Leben und der begrenzten Ressourcen der Erde steht das Leben der meisten Menschen wie der Biosphäre insgesamt, von der der Mensch ja nur ein Teil ist, auf wackligen Beinen. Wie wir bereits an anderer Stelle erörtert haben, führt – auch aus dieser Sicht gesehen – kein Weg an einer sozialen und ökologisch-planetarisch-kosmischen Demokratie vorbei.

b. Mundialisierung mit Hilfe von Idealen, von Spiritualität und von Kriegen

Die Mundialisierung spielt sich in erster Linie unter dem Zeichen der Wirtschaft ab. Doch auf dem Marsch der Mundialisierung geht die Wirtschaft Hand in Hand mit anderen Faktoren. Zu nennen sind da Ideologien und Bemühungen um Spiritualität, Werte und selbst Kriege. In der Tat, vom Westen aus setzten sich Ideale und Werte durch, die heute Bewußtsein und Gewissen jedes Menschen auf der Erde bestimmen und mittlerweile im Curriculum jeder Schule gelehrt werden. Das Christentum in seinen verschiedenen Ausprägungen trug in beachtlichem Maße zur Zivilisation der Menschheit bei. Wo es hinkam – in der Regel auf dem Rücken von Pferden imperialistischer Vorhaben –, verbreitete es den Sinn für die Würde des Menschen, für dessen ewige Bestimmung und Transzendenz gegenüber den Mächten dieser Welt. Immer verkündete es, daß Liebe und Mitleid für gerechte gesellschaftliche Beziehungen hier auf der Erde genauso wie für das ewige Leben im Jenseits von zentraler Bedeutung seien.

Die Aufklärung steckte die Welt in Brand mit ihrem idealistischen Menschenbild. Begabt mit Vernunft und Verstand, erwachsen und autonom, habe der Mensch die Fähigkeit, selbst über seinen Weg zu entscheiden und alles, was Traditionen, Sitten und Ideale unter Kontrolle habe, seinem kritischen Urteil zu unterziehen. Dank der Aufklärung konnte die Schule ihren Siegeszug über die ganze Welt hin antreten.

Die Französische Revolution weckte allerorten das Bewußtsein für die Bürgerrechte und machte Gleichheit, Freiheit und Brüderlichkeit zu Kampffahnen, die die Geschichte seither in Bewegung halten.

Seit dem Evolutionismus wissen wir, daß jedes Wesen aus Urzeiten kommt. Alles hat seine Werdegeschichte. Damit fanden die Kategorie Zeit und der Begriff Unumkehrbarkeit den Weg in die Wissenschaften. Es ist das Verdienst Darwins, gezeigt zu haben, daß die menschliche Gattung eine Einheit ist und auf einen gemeinsamen Primaten zurückgeht. Und Teilhard de Chardin verdanken wir eine globale Sehweise, die in den Evolutionsprozeß auch das christliche Phänomen mit hineinnimmt. Die Kosmogenesis führt zur Biogenesis, die Biogenesis zur Anthropogenesis und die Anthropogenesis zur Christogenesis, und die Christogenesis mündet schließlich in die Theogenesis. Auf diese Weise sind der Mensch und selbst Gott in ein offenes Weltall integriert. Überwunden ist der Gegensatz zwischen Lebendem und Nichtlebendem. Klassische und auch noch moderne Wissenschaftler, wie etwa Einstein, betrachten das Leben, weil sie es für das herausragendste Phänomen der Wirklichkeit hielten, allenfalls am Rande ihrer Forschungen. Vor allem gilt das für Physiker. Leben war abgedrängt in die Welt des Wunderbaren und der Religionen und galt, wie bei Jacques Monod, höchstens als ein Zufall, der sich verewigt; mit der Materie hatte Leben nichts zu tun. Dagegen hat im evolutionistischen Verständnis wie in einem strukturierten Weltall das Leben einen minder wunderbaren Ursprung. Prigogine und vorher schon Boltzmann haben überzeugend nachgewiesen, daß das Leben seine Wurzeln hat in bestimmten Eigenschaften der Materie, als diese noch weit davon entfernt war, ausgeglichen zu sein, und sich in einer Situation des Chaos und der Unordnung befand. Nur, in dieser Situation erwies sich das Chaos als schöpferisch – und die Unordnung als Faktor einer neuen Ordnung. Ein zweites Prinzip, das der Thermodynamik, dem zufolge alles allmählich auf den thermodynamischen Tod (Entropie) hin strebt, bekommt einen neuen Sinn. Thermodynamisch entwickeln wir uns nach unten, in Richtung auf den Tod; doch zugleich entwickeln wir uns auch nach oben, auf immer komplexere Formen von Leben hin. Das Leben steckt bereits in den Möglichkeiten der Materie. Die Etymologie des Wortes ›Materie‹ *(mater = Mutter)* besagt ja schon, daß diese die Mutter aller Dinge ist: Masse, Energie, Information, Kommunikation und Leben. Doch Materie ist auch etwas Geistiges, Subtiles und Geheimnisvolles, welches es verdient, daß Mystiker und Psalmisten – wie Franz von Assisi im Hochmittelalter oder Pierre Teilhard de Chardin in unserem Kulturkreis – sie fasziniert bestaunen.

Die moderne Kosmologie hat uns gelehrt, daß das Weltall ein einziger immenser, komplexer, widersprüchlicher und komplementärer Prozeß ist, der alle lebenden und nichtlebenden Wesen zu einem Beziehungsnetz eint, so daß nichts ohne Beziehungen existiert. Die moderne Kosmologie bietet uns die wissenschaftliche Grundlage dafür, daß wir an eine Planetarisierung als Moment eines unendlich größeren Prozesses der Konvergenz von Energien, Wesen, Geistern und Herzen denken können. In der Geschichte des Universums ist dieser Prozeß seit immer in Gang. Sein letzter Sinn jedoch bleibt ein Geheimnis und läßt sich vielleicht nur von einer transzendenten, religiösen Warte aus deuten.

Eine weitere Komponente der Mundialisierung besteht im Hunger und Durst nach Spiritualität, im Nachdenken über den Sinn des Lebens und über die letzte Bedeutung des Abenteuers ›Technologie‹, das den Menschen seit nunmehr vierhundert Jahren beschäftigt. Immer mehr Menschen überzeugen sich, daß es nicht genug sein kann, alles nur Mögliche anzuhäufen und noch mehr zu haben, ihren Kenntnisstand über das All noch weiter zu verbessern und ihren kosmischen Wahrnehmungsradius noch mehr zu weiten, sondern daß es darauf ankommt, mehr zu sein und die Fähigkeit zu entwickeln, Erfahrungen an sich herankommen zu lassen, in einen Dialog zu treten und zu lernen in Kontakt mit dem anderen und mit dem absolut Anderen, den wir hergebrachterweise Gott nennen.

Wenn wir hier von Spiritualität sprechen, verstehen wir den Begriff im anthropologischen und weniger im spezifisch religiösen Sinn. Wir meinen damit die Fähigkeit des Menschen, des Mannes wie der Frau, in einen Dialog mit dem tiefsten Kern seiner selbst zu treten und mit den Anrufen aus seinem Innern in Einklang zu kommen. So können sowohl Anhänger und Anhängerinnen eines religiösen Bekenntnisses als auch Agnostiker und Nichtglaubende Spiritualität verstehen. Jeder und jede begegnet der Struktur des eigenen Wunsches, stößt auf einen utopischen Horizont, erfährt das Männliche und Weibliche in sich und gewahrt das Universum der eigenen Inwendigkeit. Der Prozeß der Personalisierung setzt die Integration dieser Dimension voraus, weil sie dem menschlichen Leben Heiterkeit und Frieden verleiht. Für einen religiösen Menschen ist die Tiefe in ihm natürlich von Gott bewohnt, und Dialog und Bejahung dieser Dimension heißen für ihn Bejahung der bedingungslosen Liebe Gottes und Hinhören auf Gottes Wort. Allenthalben, ob im Westen oder im Osten, ist heute zu beobachten, wie die Menschen auf der Suche nach spirituellen Wegen sind, nach Möglichkeiten der Meditation über das Göttliche, das in ihnen wohnt, das heißt nach Verinnerlichung.

Diese Art von Spiritualität paßt auch zur modernen Kosmologie, will sagen zu dem neuen Weltbild, das aus den ›Erdenwissenschaften‹ dämmert, aus der sogenannten Tiefenpsychologie eines C. G. Jung und seiner Schule, aus den neuen Erkenntnissen der theoretischen Physik, aus den Arbeiten von Einstein, Heisenberg, Bohr, Hawking und insbesondere Prigogine und Stengers mit ihren dissipativen Strukturen (Leben, das Energie aus der Umwelt verbraucht, aber dem thermischen Tod entgeht) sowie von dem vieldiskutierten und -kritisierten Capra mit seinem neuen Paradigma.

Wenn die vormoderne Kosmologie, die statisch, einheits- und autoritätsbezogen, hierarchisiert und sakral war, sich versinnbilden läßt in der Leiter, die Himmel und Erde miteinander verbindet, und wenn das moderne Weltbild (seit Galileo Galilei und Newton) dualistisch (Materie gegen Geist), rational, instrumental, wissenschaftlich und säkular ist und sich im Bild der Maschine darstellen läßt, dann ist die Kosmologie heute, im gegenwärtigen Zeitalter der kulturellen Mutation (der Ausdruck scheint uns treffender zu sein als das Wort ›Postmoderne‹), von ihrem Grundanliegen her holistisch, partizipativ und spirituell, kennt keine Hierarchie mehr und läßt sich symbolisch verdeutlichen mit der Metapher des Spiels. Neben Geist und Materie tritt ins Blickfeld vor allem das Leben mit seiner nichtlinearen Logik, Komplexität, seinem organischen Charakter und seiner selbstregulierenden Kraft. Wichtiger als die analytische wird die synthetische (holistische) Perspektive. Der Mensch ist nicht mehr passiver Zuschauer des Weltspektakels, sondern aktiver Spieler und ist in Wissenschaft und Forschung, so objektiv sie sich auch geben, immer mit von der Partie. Allein schon das Bild vom Spiel besagt ja, daß an die Stelle einer linearen eine komplexe Logik tritt. Das heißt: Auf dem Spielfeld kommt es wesentlich auf das Mitmachen und auf die Kreativität aller Spieler an. Auch der Mensch möchte sich fortan verstehen als eine grundlegend dialektische Einheit, als ein integriertes Ganzes von Verstand und Gefühl, von Tiefenbewußtsein und Hineingenommensein in das ökologische Totum. Gott tritt dann nicht mehr von außerhalb des Ganzen auf, sondern von innen her, als das alles einende, substantielle Band und als der gemeinsame Nenner, auf dem alles ruht. Namen für diese anbrechende Präsenz fehlen uns noch. Nichtsdestoweniger wird sie belegt durch tausend Erfahrungen und Experimente in den verschiedensten kulturellen Kodizes.

Auch von der Kehrseite der Geschichte, von den Momenten der Zersetzung und des Krieges her ist der Prozeß der Mundialisierung zu erkennen. In drei große Konflikte war praktisch die ganze Welt verwickelt: In den ersten Weltkrieg (1914–1918), in den Zweiten Weltkrieg (1939–1945) und in den Golfkrieg (1991). Zu Wasser und zu Lande, vor allem aber in der Luft standen sich Nationen und Heere militärisch gegenüber. In den Zweiten Weltkrieg waren 100 Millionen Menschen verstrickt. 15 Millionen Soldaten und weitere 35 Millionen Zivilisten wurden getötet. Im Golfkrieg waren praktisch alle Länder des Globus gezwungen, Farbe zu bekennen. Im Irak zeigte sich eine verhängnisvolle Solidarität im Willen zu Zerstörung und Tod. Die Bilder, die uns das Fernsehen direkt vom Schlachtfeld übermittelte, besagten doch, daß die Erde in einem real bestimmbaren Moment unter dem Zeichen der Schande – kämpfte da doch ein Riese Goliat gegen einen Zwerg David – zu einer Einheit geworden war.

Nach dem Ersten Weltkrieg wurde in der Gestalt des ›Völkerbundes‹ eine Einrichtung geschaffen, die zum erstenmal die neue Realität der Mundialisierung anklingen ließ. In der Folge des Zweiten Weltkrieges entstand dann in der UNO ein neues Organ, in dem annähernd alle Regierungen der Erde vertreten sind und das die Mundialisierung jetzt auf die Ebene der Politik hebt.

Seit einigen Jahren sehen wir uns zwei Fakten gegenüber, die sichtbar machen, wie weit die Mundialisierung inzwischen fortgeschritten ist: der atomaren Gefahr und der ökologischen Bedrohung. Zum erstenmal in der Geschichte der Hominisierung erfand der Mensch eine Zerstörungs- und Todesmaschine, mit der er die Menschheit vielemale vernichten und die ganze Biosphäre bedrohen kann. Die Rede ist von den nuklearen und chemischen Waffen, welche von Militärmächten wie den USA und Rußland konstruiert werden. Seinen ökologischen Alarmruf erhob der *Club of Rome* das erstemal 1972. In den Kernaussagen stellt der fest: Die technisch-industrielle Entwicklung sowohl der kapitalistischen als auch der sozialistischen Länder beinhaltet ein systematische Aggression gegen die Natur, eine allmähliche Erschöpfung der nichterneuerbaren Ressourcen und eine wachsende Beeinträchtigung der Lebensqualität für die Menschen wie für alle sonstigen Lebewesen. Der Treibhauseffekt und das Ozonloch können nichtwiedergutzumachende Schäden für die Biosphäre bringen. Was inzwischen bereits alles eingegangen ist, ist nur die Maske für Biozid (Tod des Lebens), Ökozid (Tod der Ökosysteme) und Geozid (Tod der Erde).

c. Mundialisierung mit Hilfe der Politik

Seit mindestens zweihundert Jahren ist die westliche Politik bestrebt, weltweit zu operieren. Als Folge des Siegeszuges des Kapitals und seiner ideologischen Ausprägung im Liberalismus setzten sich langsam, aber in zunehmendem Maße mehr oder minder hegemonische Stile gesellschaftlicher und politischer Organisationen über die ganze Erde hin durch. Nahezu alle Völker gaben sich die Form von Nationalstaaten. Die Demokratie prägte die politischen Gepflogenheiten aller Traditionen, sei es als universaler Wert, der in allen Bereichen des menschlichen Zusammenlebens (Familie, Schule,

Institutionen) realisiert werden will, sei es als Strukturprinzip staatlicher Macht. So entstanden und so entstehen noch immer – unter dem Druck aus aller Welt – repräsentative liberale Demokratien und da und dort auch soziale Volksdemokratien.

Parallel zu den demokratischen Formen im Zusammenleben wie in der Ausübung der Macht wächst auch das Bewußtsein für die individuellen Menschenrechte, aber auch für die sozialen Menschenrechte von Minderheiten und Völkern. Demokratie kann nur dann funktionieren, wenn sich zuvor eine Atmosphäre der Achtung und der Förderung der Rechte des Menschen und der Gesellschaft aufbaut. Hand in Hand damit geht die ethische Überzeugung, daß der Mensch stets Ziel und nicht Mittel ist, daß Macht sich nur dann rechtfertigt, wenn sie zu Gerechtigkeit und Gemeinwohl sowohl für die Bürger und Bürgerinnen als auch für die Natur führt, und daß technischer Fortschritt in jedem Fall auf die umfassende Förderung von Menschen und Völkern abzielen muß.

Einen weiteren Aspekt des Mundialisierungsprozesses sehen wir darin, daß sich in allen Ländern der Erde ein und dieselbe Sprache im Dialog mit der Natur durchsetzt: die wissenschaftlich-technische Diktion. Mittels des wissenschaftlich-technischen Projektes haben die Menschen das Antlitz der Erde gründlich verändert, sich eine Natur aus zweiter Hand geschaffen und Denk- und Handlungsmodelle entwickelt, die mittlerweile transkulturell geworden sind und Schritt für Schritt die Erfahrungen der Menschen vereinheitlichen.

Bestimmte Zeichen weisen immer beredter darauf hin, daß wir eine neue politische Weltordnung brauchen – mit Machtzentren und Organen, die sich im Dienst wissen an den planetarischen Herausforderungen und offen sind für eine Weltregierung. UNO, Sicherheitsrat und Weltbank deuten schon in diese Richtung, wiewohl sie noch immer unter Schemata der Kontrolle und der Entscheidungsfindung stehen, die vom Ende des Zweiten Weltkrieges stammen und einem politischen Blockparadigma folgen, das inzwischen überholt ist. Die Tatsache, daß alle großen Probleme der Nationen irgendwie Teil der globalen Interdependenz sind, zwingt immer mehr dazu, Lösungen in planetarischem Maßstab zu suchen, insbesondere wenn man den ökologischen Preis der Entwicklung und die Versorgung der verarmten und verrandeten zwei Drittel der Weltbevölkerung mit Nahrungsmitteln und mit einem Minimum an Infrastruktur im Auge hat.

3. Anbruch eines neuen planetarischen Bewußtseins

Ein entscheidender Faktor, der das Aufkommen einer neuen Zivilisation ansagt, ist schließlich ein neuer Bewußtseinsgrad, der sich zunehmend durchsetzt: das planetarische Bewußtsein. Bereits 1933 wies Teilhard de Chardin auf die Herausforderung hin: »Der Gedanke an Nationen ist überholt. Wollen wir nicht untergehen, ist es an der Zeit, die alten Vorurteile abzuwerfen und an der einen Erde zu bauen. Die Erde kommt nicht zum Bewußtsein ihrer selbst, es sei denn durch die Krise der Umkehr und der Veränderung.«

In der Tat, die Krise hat sich tief bei uns eingegraben: Wir sind mitverantwortlich für unser gemeinsames Schicksal als Menschen und Wesen der Erde. Wir bilden eine zusammenhängende vielförmige Einheit.

Am 12. April 1961 gelang Juri Gagarin als erstem Menschen der Weltraumflug um die Erde. Ein bisher niegesehenes Bild prägte sich uns damals ein. Seither können wir die Erde von außerhalb ihrer selbst betrachten. Noch beeindruckter waren wir, als am 20. Juli 1969 Neil A. Armstrong und Edwin E. Aldrin mit dem Raumschiff Apollo 11 auf dem Mond landeten. Ein weiterer US-amerikanischer Astronaut, John W. Young, sagte bei der fünften Mondlandung am 16. April 1972 die etwas pathetischen Worte: »Da unten ist die Erde. Dieser blau-weiße, herrliche, strahlende Planet – unsere menschliche Heimat! Hier vom Mond aus halte ich ihn mit der blanken Hand. Aus dieser Perspektive gibt es dort weder Weiße noch Schwarze, gibt es keine Spaltung zwischen Ost und West, gibt es weder Kommunisten noch Kapitalisten, weder Nord noch Süd. Alle bilden wir eine einzige Erde. Wir müssen es lernen, diesen Planeten, von dem wir ja ein Teil und ein Stück sind, zu lieben.« Und noch dort oben ging er eine Selbstverpflichtung ein: Zurück auf der Erde, wollte er sich einer Pädagogik der Liebe zum Planeten Erde widmen.

Offenbar wächst das Bewußtsein, daß die Erde, von außen betrachtet, Teil eines wesentlich größeren Systems ist, des Sonnen- und Milchstraßensystems, des sich noch immer ausdehnenden Kosmos. Wir sind Planet einer Sonne, die einer der hundert Milliarden Sterne unserer Milchstraße ist, die ihrerseits nur eine unter weiteren Milliarden noch viel größeren Galaxien ist. Von uns bis zum Mittelpunkt unserer Milchstraße, die acht Milliarden Jahre nach dem Urknall entstand, sind es siebenundzwanzigtausend Lichtjahre – innerhalb eines mittleren Sonnensystems, das elf Milliarden Jahre nach der Entstehung der Welt auftauchte. So leben wir auf einem Planeten, der – obwohl es ihn bereits seit viereinhalb Milliarden Jahren gibt – unsere geradezu winzige Erde ist.

Und dennoch: Von außen besehen, bildet die Erde ein organisches Ganzes. Wir leben nicht auf der Erde. Wir sind Erde *(Adamah – Adam, humus – homo)*, Teil der Erde. Zwischen den lebenden und leblosen Wesen, zwischen der Atmosphäre, den Ozeanen, den Gebirgen, der Erdoberfläche, der Biosphäre und der Anthroposphäre herrschen gegenseitige Wechsel- und Rückwärtsbezüge. Doch all diese Teile addieren sich nicht bloß, sondern fügen sich zu einem organischen Größeren zusammen. Alle Komponenten sind interdependent, so daß sie ein einziges komplexes System ausmachen. Wären Leben und Nicht-leben Gegensätze, hätten wir auf der einen Seite die mechanische Welt, auf der anderen die biologische Welt, und schließlich gäbe es noch die Welt der Menschen. Zwischen allen dreien türmten sich unüberwindbare Barrieren auf, und Gott müßte eingreifen, um die Segmente zusammenzubringen. In Wirklichkeit jedoch kommen wir ohne solch einen *Deus ex machina* aus, weil wir inzwischen wissen, daß die Materie nichts Statisches ist, sondern ein Etwas, das sich durch Reaktivität, Kreativität und Dialog auszeichnet. Ein Band verbindet alles: Die Dynamik des Universums durchdringt, eint und diversifiziert alles und trägt es empor auf höchste Ebenen der Konvergenz.

Die Wahrnehmung dieser Fakten führte den englischen Wissenschaftler James E. Lovelock zur Ausarbeitung der Gaja-Hypothese[7]. Danach ist die Erde ein lebender Superorganismus, dessen dynamischer Gleichgewichtszustand alle physischen, chemischen und energetischen Elemente in einem Dosierungsverhältnis erhält, daß sie das Leben mitsamt seiner Evolution garantiert. Wie die Zellen Teil der Organe und die Organe Teil eines Körpers sind, auf ähnliche Weise sind die lebenden Wesen Teil eines Ökosystems, das seinerseits Teil des Systems ›Erde‹ ist, und die Erde ist schließlich Teil des Systems ›Kosmos‹. Alle diese Elemente agieren und interagieren synchron, um so das dynamische Gleichgewicht (einschließlich der ganzen Bandbreite von Unordnung–Ordnung–Organisation–Interaktion–

7 *J. E. Lovelock,* A New Look at Life on Earth, Oxford 1979; deutsch: Unsere Erde wird überleben, München 1982. Gaja ist der mythologische Name der Griechen für die Erde.

Organisation) zu gewährleisten und Leben zu ermöglichen.

Der Sauerstoffgehalt der Atmosphäre beträgt 21%, der Salzanteil im Meerwasser – stabilisiert durch Bakterien und Mikroorganismen in den Wassermassen wie an den Küsten – beläuft sich seit Milliarden von Jahren auf 3,4%; und die Temperatur der Erdkruste bewegt sich in einer mehr oder minder festen Marge von 15–35 Grad. Stiege der Sauerstoffgehalt auf 25%, würde die Strahlung gewaltige Brände entfachen, und ein gut Teil der Wälder ginge in Flammen auf; beliefe sich der Salzwert in den Ozeanen auf 6%, wäre praktisch das Leben der Fische unmöglich; und erwärmte sich die Erde um 5–7 Grad, könnte kaum noch Leben auf der Erde existieren.

Das Leben ist eine Bildung der Erde, und die Geschichte des Lebens ermöglicht menschliches Leben. Wenn der Superorganismus Erde intelligente Lebewesen wie die Menschen hervorbringt, dann ist das ein unwiderlegbares Zeichen dafür, daß in ihr selbst ein höheres intelligentes Prinzip am Werk ist – mit einem Gedächtnis, das sich über Milliarden von Jahren hin ansammelte. Man kann nur in Staunen darüber geraten: In einer einzigen Zelle der Epidermis, so peripher sie sich auch zum Gesamtorganismus verhalten mag, stecken alle Informationen bezüglich des menschlichen Lebens; einer Bibliothek vergleichbar, enthält sie biologische Erinnerungen des Weltalls. Ein weiteres Argument, zu sagen: Die Gaja-Erde, sie lebt und bringt Leben hervor.

Der genetische Code ist in allen Lebewesen gleich. Die Unterschiede zwischen einer Amöbe, einem Dinosaurier, einem Kolibri und einem Menschen (als Mann und als Frau) erklären sich durch unterschiedliche Kombinationen ein und desselben genetischen Alphabets. Umgekehrt kann das genetische Alphabet nicht ohne die chemischen und physikalischen Elemente existieren, aus denen es sich speist. So ist alles umhüllt vom System Leben. Mithin ist es weder Rhetorik noch Romantik, mit Franz von Assisi alle Lebewesen Brüder und Schwestern zu nennen. Es besteht eine physikalische Grundlage für die reale Verwandtschaft. Niemand kann daran zweifeln: Wir sind kosmische Geschwister.

Zunehmend entdeckt die Spezies homo, daß sie die Menschheit ist, das heißt: daß sie ein einziger und zugleich diversifizierter Komplex von Männern und Frauen ist, mit zahllosen Kulturen, Geschichtssträngen und Einrichtungen. Als solcher ist sie Ausdruck der Biosphäre, die ihrerseits eine Bildung des Planeten Erde ist. Die Menschen sind in einem sapiens und demens. Mit anderen Worten: Sie sind ausgestattet mit Sinn und Verstand und schöpferischer Kraft und realisieren vernunftgestaltete Vorhaben *(sapiens)*; gleichzeitig jedoch produzieren sie Absurditäten, maßlose Gewalt und Zerstörung *(demens)*. Einerseits erleben wir eine Mundialisierung, in der unterschiedliche kulturelle Überlieferungen in Osmose stehen und sich gegenseitig befruchten, andererseits machen wir eine Balkanisierung ganzer Regionen mit, wie in Ex-Jugoslawien oder in verschiedenen Gebieten der vormaligen Sowjetunion, wo Religionen, Kulturen und Ethnien sich gegenseitig bekriegen. Das eine wie das andere sind Teil ein und desselben widersprüchlichen und komplementären globalen Prozesses auf dem Weg einer unaufhaltsamen Mundialisierung.

Bis in die jüngste Vergangenheit sah man die Einheit der menschlichen Spezies auf derselben bio-sozio-anthropologischen Basis beruhen, und so betonte man die geschichtlichen, kulturellen, technologischen und bewußtseinsmäßigen Unterschiede. Heute dagegen entsteht im Rahmen des Mundialisierungsprozesses ein neues Profil von Einheit, das maßgeblich geprägt ist von einer Reihe von kollektiven Elementen. Genannt seien: eine neue Annäherung an die Natur, eine vergleichbare soziale Strukturbildung, eine ähnliche Achtung vor dem Geheimnis des Menschen, bestimmte Arten von Bildern (in Film, Video und weltweit verbreiteter illustrierter Presse) und von Musik (Rock und Jazz), bestimmte Formen in der Organisation von Arbeit und Freizeit, eine bestimmte Norm im Umgang mit Gebrauchsgegenständen (soweit sie der großen Masse zugänglich sind) wie elektronischen Haushalts- und Tongeräten, Fernsehern, Fahrrädern und Autos, ein gewisser einheitlicher Stil in der Ausbildung von Professionellen, einschließlich ihrer Sprache, sowie eine gewisse universale Sensibilität hinsichtlich einer gemeinsamen Verantwortung für die Zukunft der Erde.

Des weiteren können wir heute beobachten, was Hans-Georg Gadamer schon vor Jahren ›Horizontverschmelzung‹ nannte. Geistige Traditionen und Weltanschauungen treffen aufeinander. Beobachter und Beobachterinnen stellen nicht mehr nur die Unterschiede heraus, sondern neigen mittlerweile dazu, die Komplementarität zu unterstreichen. Was uns Sufisten, Taoisten und Zenbuddhisten, was uns die Upanischaden und die Bhagavadgita zu sagen haben, sind nicht nur teils jahrtausendealte weise Lehren aus dem mittleren und fernen Orient, wie wir dem Geheimnisvollen und dem Göttlichen begegnen können. Sie sind menschliche Lehren. Und da sie in erster Linie Menschliches vermitteln, kann man sie auch verstehen, und ihrerseits können sie in einen Dialog eintreten mit anderen Überlieferungen und mithin einen neuen Sinnhorizont und einen authentischen schöpferischen, bereichernden Synkretismus eröffnen.

Das wachsende planetarische Bewußtsein macht uns, die wir bisher Einwohner dieses oder jenes Landes waren, zu Bürgern und Bürgerinnen der einen Erde. Wir bilden eine Schicksalsgemeinschaft. Das Schicksal der menschlichen Spezies ist unlöslich verbunden mit dem Schicksal des Planeten und des Kosmos. Anthropo-zentrismus, welcher Art auch immer, ist deplaziert. Wir sind kosmos-und-erd-zentriert. Unser Platz ist innerhalb des Gesamtsystems des Lebens und nicht einfach im Konzert der Völker, Rassen und Nationen. Wir sind erdverbundene Geschöpfe, Ausdruck des bewußten Teils des Planeten Erde, und deshalb müssen wir auch demokratisch zusammenleben, mit den anderen Wesen der Erde und die Lebensmöglichkeiten des Planeten gerecht mit ihnen teilen.

Zusammen mit all diesen zum Bewußtsein erwachten Elementen entsteht nach und nach eine kosmopolitische, planetarische Kultur. Diese neue Kultur, die in der Geschichte des Hominisierungsprozesses etwas absolut Noch-nie-Dagewesenes ist, hat nicht nur Bedeutung für die Spezies *homo*, sondern darüber hinaus für das Ganze des planetarisch-kosmischen Prozesses.

Doch das neue Bewußtsein wirft zwangsläufig die beängstigende Frage auf: Was ist unser Platz in dem globalen kosmischen Prozeß? Als bewußte Lebewesen, die wir das Bewußtsein des Kosmos zum Ausdruck bringen, was haben wir da für einen Auftrag? Vor solch einer Herausforderung, wie wir sie heute erfahren, haben noch keine Anthropologie und keine Theologie je gestanden.

4. Bedeutung der gegenwärtigen Mundialisierung: Entstehen der Noosphäre?

Ilya Prigogine (Nobelpreisträger 1977 für Chemie) und sein Team haben gezeigt, daß der Pfeil der Zeit und die Linie der Entwicklung dahin gehen, zunehmend selbstorganisierte Komplexitäten, Diversitäten und Wechsel- und Rückwärtsbezüge entstehen zu lassen. Die Evolution ist nicht linear. Sie macht Sprünge. Beispiel dafür ist die Entstehung des Gehirns eines Embryonen. Acht Wochen nach der Befruchtung – niemand weiß warum – kommt es zu einer phrenetischen Produktion von Nervenzellen, von Neuronen. Täglich entstehen Tausende davon. Fünfunddreißig Tage später nimmt der Rhythmus ab. Aber es beginnt ein anderer Prozeß: Die Neuronen bilden Verbindungen und konstituieren damit die Grundlage für das gesamte geistige Leben. Der Prozeß geht draußen im Leben weiter. Verbindungen bilden sich über den Geist hinaus auch auf familiärer, gemeinschaftsbezogener, gesellschaftlicher und planetarischer Ebene. So baut sich eine universale Bezogenheit auf, die ja das Merkmal unserer Zeit ist.

Teilhard de Chardin hatte in der Evolution folgende Logik erkannt: Je höher sie steigt, desto komplexer wird sie; je komplexer sie wird, desto mehr verinnerlicht sie sich; je mehr sie sich verinnerlicht, desto bewußter wird sie; und je bewußter sie wird, desto mehr konvergiert sie in dem einen Punkt, an dem sich alles konzentriert und synthetisiert und eine höhere Einheit bildet.

Sollten wir heute, da die Medienlandschaft immer komplexer, die Interdependenz immer enger, das Bewußtsein vom Einswerden der Menschheit immer schärfer und die Mundialisierung immer rasanter wird, nicht dabei sein, das Fundament zu legen für eine neue Stufe der Hominisierung und Voraussetzungen dafür zu schaffen, daß ein komplexes, planetarisches Nervensystem und ein globales Gehirn entstehen?

Hat sich eine bestimmte Menge an Energie angesammelt, kann es jederzeit zu Sprüngen in der Evolution kommen. Die Akkumulation von Menschen und menschlichen Gehirnen, die Zunahme der wechselseitigen Verbindungen der Neuronen zusammen mit einem immer augeklügelteren Wissens- und Erfahrungsstand, das wachsende planetarische Bewußtsein sowie die Erkenntnis, daß wir mitverantwortlich sind für das, was mit Natur und Menschheit passieren kann, zeigt, daß die Hypothese Teilhard de Chardins von der Noosphäre (die Sphäre des geeinten menschlichen Geistes) wieder aktuell ist. Danach stünde uns der Anbruch von etwas absolut Neuem in der Geschichte des Planeten bevor: In einem seiner Glieder, in der Spezies Mensch, begännen die aufsteigenden Linien der Evolution zu konvergieren in Richtung auf eine organische Einheit, und zwar nicht nur des Wissens, sondern auch und vor allem der Liebe. Und wenn Liebe den Ton angäbe, dann bedeutete das die höchste Form von Einheit aller mit allen und aller mit allem.

Die Mundialisierung, die mit ihren Widersprüchen zahllose Menschen und natürliche Wesen opfert, provoziert dialektisch aber auch starke Gegenreaktionen. Bekanntlich gibt es so etwas wie außersinnliche Kommunikation, wie das Phänomen des Synchronismus, die biologische Morphogenese (Rupert Scheldrake). Danach spielt neben dem genetischen Code, der die chemischen Materialien für den Bau des Lebens liefert, der unsichtbare und auch mit den anderen Sinnen nichtwahrnehmbare morphologische Bereich eine Rolle, insofern er erklärt, wie sich die Elemente des genetischen Codes in spezifischen Formen und Strukturen zusammenfinden. Etwas Vergleichbares ist die Gravitations- und Magnetkraft, die ja auch in unsichtbaren räumlichen Strukturen besteht und an ihren Wirkungen zu erkennen ist. Streut man Eisenspäne um einen Magneten, zeigt sich sofort, wo die Struktur seines Feldes verläuft. Ähnlich verhält es sich mit dem Leben. Es ist nicht damit getan, daß die Sensoren des Fernsehers richtig eingestellt sind und das Gerät an den Strom angeschlossen ist. Damit allein haben wir noch kein Bild. Das Bild kommt woanders her. Die morphologische Theorie besagt nun, daß erfolgreich verlaufene Erfahrungen Resonanzen auf alle Teile des Relationssystems haben und daß eine neue Erfahrung nie null ist, sondern stets auf alle Glieder seines Systems übergeht. Allmählich reproduziert sich die Erfahrung und bringt damit einen Schritt vorwärts im Prozeß des Lebens. So käme es auch in der Menschheit zu einer beträchtlichen Akkumulation solcher Resonanzen in Richtung auf eine planetarische Einheit. Sobald der Akkumulationsprozeß einen bestimmten Punkt erreicht habe, habe die Geschichte zu ihrer Einheit gefunden.

Die historischen Prozesse werden immer rascher. In der Jungsteinzeit zwischen 8000 und 1500 v. Chr. kommt es zur bäuerlichen Revolution, die auf praktisch alle Kulturen übergreift. Nur gut dreißig Jahrhunderte später, zwischen 1750 und 1850, findet eine weitere Revolution statt: die industrielle Revolution. Und in einem noch wesentlich kürzeren Zeitraum kommt es, gerade ein Jahrhundert darauf, zur nuklearen Revolution. Ganze zehn Jahre später haben wir schließlich die Revolution der Information mit der Entkodifizierung des genetischen Codes. Die Entwicklungsspirale wirbelt sich um ihre eigene Achse in die Höhe. Einige Fachleute erwarten schon in Kürze (für den Beginn des dritten Jahrtausends) die Welle Null, das heißt den Anbruch der Noosphäre bzw. den neuen ›Katun‹ (das neue planetarische Weltzeitalter) – in der Sprache der Mayas, die sich ja ausführlich mit solchen globalen Zusammenhängen befaßten. So begänne dann eine neue Phase der Menschheit, das heißt die geeinte, differenzierte und konvergierende Menschheit.

Die Menschheit mit ihrer Fähigkeit zur Synergie (Zusammenarbeit aller) wäre dann so etwas wie eine Art Gehirn des Planeten Erde. In dem Rhythmus, in dem die Menschen in Syntonie und Synchronie mit den Bewegungen des Planeten Erde und dessen Logik kämen, förderten sie eine neue Art von Entwicklung, von Entwicklung diesmal mit der Natur und nicht mehr gegen sie. So erwiesen sie sich in dem Maße als schöpferisch, in dem sie die verborgenen Möglichkeiten der Erde erfaßten und entfalteten und dadurch den Pfeil der Evolution beschleunigten bzw. verlangsamten. Die Menschheit wäre dann so etwas wie die Erde selbst, insofern sie denkt, Willen hat, Dinge in Sinnbilder kleidet, Projekte entwickelt, träumt und liebt.

Was immer der einzelne Mensch tut oder nicht tut, fördert oder beeinträchtigt, daß die Menschheit in diese neue Phase eintreten kann. Deshalb kommt es darauf an, daß sich jeder und jede in einer tiefgreifenden Osmose mit der Erde und dem Schicksal der Erde fühlen. Was wir tun, müssen wir mit Leib und Seele tun, mit reinem Geist, in Einklang mit allem um uns herum und in Harmonie mit dem ganzen Kosmos. Dann machen wir es Gaja möglich, den Schritt zu tun, den sie tun muß, damit sie ihren Plan, den sie auch mit uns hat, verwirklichen kann. Und dieser Plan zielt ab auf Leben und Selbstbewußtsein, auf Fülle des Geistes in der Materie, auf die symphonieartige Abstimmung aller Dinge mit allen Dingen, angesichts des Geheimnisses Gottes.

5. Beitrag des Christentums für die neue Zivilisation

Der Anbruch der neuen Zivilisation bedeutet eine Herausforderung für alle Religionen, namentlich für das Christentum. Zunächst einmal müssen die Religionen anerkennen, daß die neue Wirklichkeit eine bisher nichtgekannte Möglichkeit in sich birgt, das Geheimnis der Welt zu erfahren. Es klingt darin an, daß sich die Menschen wieder verzaubern lassen von der Größe und Dichte des Weltalls. Und der Zauber läßt dann die Menschen eine neue Erfahrung des Heiligen in einer neuen Begegnung mit dem Weltgeist machen.

Viele Menschen in der sich ankündigenden Zivilisation zeigen sich einfühlsam für die Dimension des Mystischen (wobei sich von dem Wort ›Mystik‹ auch der Begriff ›Mysterion – Geheimnis‹ herleitet), vor allem jene Männer und Frauen, die mit den ›Erdenwissenschaften‹ wie Ökologie, Biologie, Astronautik, neuer Physik usw. zu tun haben. Doch möchten wir uns hier nicht weiter in diesen Aspekt vertiefen, weil wir das schon an anderer Stelle getan haben.[8]

Statt dessen wollen wir dem Christentum, so wie es geschichtlich geworden ist, zwei Fragen vorlegen. Erstens: Inwieweit zwingt die nunmehr anbrechende Zivilisation das Christentum zu Selbstkritik und Rückbesinnung auf seine ursprüngliche Erfahrung? Und zweitens: Inwieweit hilft das Christentum, wenn es sich

8 Vgl. *L. Boff*, Von der Würde der Erde. Ökologie – Politik – Mystik, Düsseldorf 1994, 143–183; *ders.*, Deus e a moderna cosmologia, Revista Teológica da Faculdade Rudge Ramos, São Bernardo 1994.

denn der Selbstkritik unterzogen hat und im Rückgriff auf seine Quelle zu neuer Vitalität gelangt ist, der planetarischen Zivilisation, sich religiös auszudrücken und das Heilige, das es in sich trägt, auch entsprechend zu verehren?

a. Nur ein Christentum der Befreiung ist mundialisierbar

Auch wenn die Mundialisierung vom Westen ausgegangen ist, kann dies nicht bedeuten, daß die westliche, weiße, christliche Kultur überall den Ton angibt. Im Rahmen eines planetarischen Bewußtseins, einer neuen Erdenbürgerschaft und eines neuen Bündnisses mit der Natur übernimmt und verarbeitet die neue Zivilisation auch Beiträge der anderen Kulturen und großen geistigen Traditionen der Menschheit.

Diese erste und grundlegende Tatsache stellt nun das geschichtlich gewordene Christentum in seiner heutigen Form gründlich in Frage. Von wenigen Ausnahmen in seinen verschiedenen konfessionellen Ausprägungen abgesehen, war es ein Christentum der Eroberung und der Unterdrückung. Insbesondere die römisch-katholische Version ist darin unüberbietbar. Dabei finden sich die Wurzeln des Willens zur Herrschaft bereits im Neuen Testament, im sogenannten ›Politischen Paulinismus‹, der sich später im ›Politischen Augustinismus‹ entfaltet, wie Roger Garaudy überzeugend nachgewiesen hat.[9] Demnach macht Paulus die Hauptlinien seines Denkens fest an der Macht Gottes, Christi, des

9 *R. Garaudy*, Avons-nous besoin de Dieu?, Paris 1933.

Glaubens und der Auferstehung sowie am Gehorsam gegenüber den Mächten dieser Welt. Augustinus gibt der Stadt Gottes eindeutig die Vorherrschaft vor der Stadt des Menschen, so daß sich letztere stets ersterer unterwerfen muß. Im Rahmen bestimmter geschichtlicher Konstellationen und mit der Unterstützung dieser beiden großen Denker, Paulus und Augustinus, die das Profil des Christentums maßgeblich mit geprägt haben, gewinn die Kategorie Macht in der offiziellen Struktur des Christentums schließlich tragende Bedeutung. Um die sakrale Macht herum baut sich dann die ekklesiastische Hierarchie auf, die bekanntlich und bedauerlich Wissen, Wort und Entscheidung in der Gemeinde als ihr Monopol betrachtet. Dabei haben sich kirchliche Macht und andere herrschende Mächte stets die Bälle zugespielt. Aus diesem Grund kann man die Geschichte der Kirche nicht nachzeichnen, ohne zugleich auch die Geschichte von christlichen Königen und Fürsten darzustellen – und umgekehrt.

Ähnlich verhält es sich mit der christlichen Mission. Überall auf der Erde ging die Missionierung Hand in Hand mit expansionistischen und imperialistischen Projekten westlicher, sich christlich nennender Mächte. In der Regel bildeten Eroberung und Mission sogar ein einziges Unterfangen, wie an Lateinamerika und an verschiedenen Ländern Afrikas abzulesen ist. Infolgedessen wurden dort, wohin das Christentum kam, die lokalen Religionen zerstört, westliche Spielarten von Evangelium und Glauben aufgezwungen und europäische Lebensformen eingeführt. Darum sieht die große Mehrzahl derer, die außerhalb des westlichen Einflußraumes leben, im Christentum auch die Religion der Unterdrücker, die teil hat an deren Grausamkeit und Unerbittlichkeit. Das Christentum war Komplize von Genozid und Ethnozid, deren traumatische Auswirkungen die Überlebenden bis heute belasten. Diese Tatsache ist um so beklagenswerter, als das offizielle Christentum, hier in erster Linie wiederum der römische Katholizismus, nicht den geringsten Willen zeigt, seine geschichtliche Schuld anzuerkennen und die Opfer um Vergebung zu bitten, wie auf der IV. Vollversammlung des Lateinamerikanischen Episkopats 1992 in Santo Domingo und bei den verschiedenen offiziellen Feiern anläßlich der fünfhundert Jahre Lateinamerika in Spanien und anderen Ländern sichtbar wurde. Dahinter können sich nur Arroganz und Gnadenlosigkeit verbergen.

Doch dieses Herrschaftschristentum zeigt seinen unterdrückerischen Charakter nicht nur nach außen, sondern auch nach innen, im Verhältnis der Glaubenden zueinander. Es ist geprägt von unerbittlicher Zentralisierung und Sakralisierung der Macht, durch Unterordnung aller, die nicht zur Hierarchie gehören, und durch Verrandung und Ausschluß der Frauen. Diese Form von Christentum ist Teil des Westens, so wie er denkt, spricht und strukturiert ist. Diese Form von Christentum ist nicht universalisierbar. Durch Manipulation und Romanisierung der ganzen Welt, deren Logik noch lange nicht passé ist, schaltet sich alles gleich. Man denke nur an die Veröffentlichung des Weltkatechismus, an die Art und Weise, wie die Vertreter Roms in Santo Domingo mit den lateinamerikanischen Bischöfen und den dort beschlossenen Texten umgingen, und an die Synode der afrikanischen Bischöfe im April und Mai 1994 in Rom. Das alles läßt sich nur verbuchen als

Kultur der Unterdrückung. Soll der Prozeß der Mundialisierung nicht mit Verwestlichung verwechselt und dem Scheitern preisgegeben werden und soll die Manipulation des Christentums zugunsten weltlicher Herrschafts- und Unterdrückungsinteressen im Widerspruch zu seinem ursprünglichen Ideal nicht ungeschoren davonkommen, kann unsere Kritik nicht scharf genug sein.

Je mehr das offizielle Christentum auf den Mechanismen beharrt, mit denen es alle seine Anhängerinnen und Anhänger zum Gehorsam gegenüber der Macht der Hierarchen zwingt, und je mehr es auf seinen dogmatischen Formeln besteht, seine Lehren unter Kontrolle hält, seine Riten durchsetzt und seine Moral rigoros einfordert, desto eindeutiger zeigt es seinen westlichen und damit unwesentlichen Charakter, und desto mehr verrät es seine Unfähigkeit, Hoffnung zu wecken und den Menschen diesseits und jenseits seiner Grenzen ein substantielles Wort zu sagen. So wird es zur Geisel seines eigenen regionalen Paradigmas und vermag seine Universalität nur noch in entfremdeter oder pathologischer Form zum Ausdruck zu bringen, als Abklatsch eines einzigen Modells über die ganze Welt hin bzw. als Verallgemeinerung seiner bestimmten Figur, die es unterschiedslos allen Kulturen aufdrängt. Dieses offizielle Christentum ist einfach zu unbedeutend, als daß es zur Planetarisierung beitragen könnte, und behindert nur das Anbrechen der neuen Zivilisation.

Allerdings hat das historische Christentum auch seine Dialektik. Immer hat es auch Prophetie und gegenläufige Formen in der Weitergabe des Evangeliums hervorgebracht: Immer haben sich glaubende Menschen vom zentralen Gedanken der Macht losgesagt und sich ganz auf Leben, Dienst und Option für die Armen konzentriert. Immer hat es im Christentum auch eine Gegenströmung gegeben, wie sie insbesondere in den Orden und Kongregationen sichtbar wird, angefangen mit den Mönchen, die sich im Altertum in die Wüste zurückzogen, über die benediktinische Überlieferung und die Bettelorden des Franziskus und Dominikus, der Karmeliten und Serviten im Mittelalter bis hin zu den Kleinen Brüdern und Kleinen Schwestern Jesu und den Kirchen der Dritten Welt mit ihrer vorzugsweisen Option für die Armen heute. Alle diese Christen und Christinnen sahen ihre Aufgabe nicht darin, die Kirche mit ihren westlichen Strukturen irgendwo andershin zu bringen, sondern darin, Zeugnis zu geben vom Evangelium der Geschwisterlichkeit als Dienst an den anderen im Rahmen ihrer jeweiligen örtlichen Kultur – und eine Synthese zu schaffen zwischen dem Glauben nach dem Evangelium und dem konkreten Leben der betreffenden Menschen. So sieht Christentum der Befreiung aus. Und solch ein Christentum der Befreiung, das auf Mechanismen der Macht verzichtet, tut der Planetarisierung gut, weil es alle kulturellen Ausdrucksformen zu schätzen weiß in ihrer Einzigartigkeit und in ihrer Fähigkeit, sich für andere Kulturen zu öffnen und so zur konkreten Universalität beizutragen.

b. Der Glaube und nicht die christliche Religion ist universalisierbar

Der Prozeß der Mundialisierung wie die Krise des offiziellen Christentums eröffnen einen Weg zurück zur ursprünglichen Erfahrung des christlichen Glaubens. Inhalt des Glaubens ist stets eine radikale Begegnung mit dem Geheimnis, das der Welt innewohnt und das Religionen und Weisheitstraditionen als Gott bezeichnen. Solch ein begegnender Glaube kann in vielen Sprachen ausgedrückt werden. Keine schöpft sie vollends aus. Das ist der Grund, weshalb er auch in anderen, zeitbedingten Kodizes gesagt werden kann. Der Glaube ist von seiner Natur her universalisierbar, weil er eine universale Erfahrung ist, das heißt eine Erfahrung quer durch die Kulturen, alle Länder und alle geschichtlichen Epochen. So schafft der Glaube Einheit und Gemeinschaft. Doch die Formen, in die er übersetzt wird, hängen immer ab von den jeweiligen Kulturen, Orten und Zeiten.

Wer die Religion naiv mit dem Glauben identifiziert und dabei vergißt, daß erstere eine spezielle Übersetzung des letzteren ist, macht den Unterschied zum Argument für den Ausschluß aller, die nicht zu der einen Kultur gehören. Dann aber wird aus dem Unterschied Spaltung, und Spaltung führt zur Religionskriegen. Was die Menschen auseinanderbringt, ist also nicht der Glaube (als Erfahrung des Geheimnisses), sondern die Religion (als Interpretation des Glaubens), insofern sie sich als den Glauben selbst ausgibt. Dies aber ist der große Irrtum, dem das offizielle Christentum erliegt, wenn es Glauben und christliche Religion, die Kirche Jesu Christi und die römisch-katholische Kirche, Macht qua heiligen Dienst und Macht der Hierarchie, Christentum und westliche Welt für ein und dieselbe Sache hält. Um diese Krankheit zu heilen, kommen wir nicht daran vorbei, auf die Urerfahrung des Christentums zurückzugreifen. Sie wird für den Prozeß der Mundialisierung und die Entwicklung einer planetarischen Zivilisation hilfreich sein.

Der christliche Glaube, einschließlich seiner jüdischen Wurzeln, – bzw. besser gesagt: der jüdisch-christliche Glaube – erweist sich in allerererster Linie als Utopie. Utopie steht weder im Widerspruch zur Realität, noch verneint sie Realität. Utopie ist Teil der Realität, insofern sie die in der Wirklichkeit noch nicht konkretisierten, aber möglichen Potenzen zum Ausdruck bringt, was diese im Prozeß der Geschichte wie in der Absolutheit Gottes sein können. Die Utopie des jüdisch-christlichen Glaubens ist die: Die Dinge haben einen umfassenden und letzten Sinn; nichts geht verloren; alles ist dazu bestimmt, sich voll verwirklichen zu können und von Grund auf umgestaltet zu werden; der Tod hat nicht das letzte Wort, sondern das Leben, und zwar das Leben in Fülle. Dieses freudige Geschehen wird Gott selbst sowohl an seiner Schöpfung wie auch an seinen Söhnen und Töchtern vollbringen.

Das ist die Bedeutung des Bundes, den Gott im Sinnbild des Regenbogens mit allen Lebewesen geschlossen hat (Bund mit Noach: Gen 9,11), den er mit Israel eingegangen ist, damit dank ihm nie in Vergessenheit geriete, daß jedes Volk Volk Gottes ist (Gen 12,3), und den er schließlich in der Liebe und im Blut Jesu besiegelt hat, damit sich alle Menschen als seine befreiten Söhne und Töchter betrachteten (Lk 22,20; Röm 8,29). Bund hat hier also nichts zu tun mit einem bestimmten Stamm, mit nur einem Teil des Ganzen oder mit irgendeiner Erwählungsideologie, die im Laufe der Geschichte ja nur immer wieder zum Ausschluß ganzer Völker, ja zum Massaker an ganzen Nationen geführt hat. Gottes

Bund bezieht sich stets auf das Ganze und umgreift, wie der Regenbogen, alle Völker und alle Dimensionen der Erde.

Das ist auch die Bedeutung des Wortes ›Reich Gottes‹, das der historische Jesus ja zum Hauptinhalt seiner Predigt macht. Reich Gottes ist bekanntlich kein Gebiet, sondern eine Art zu sein oder eine Befindlichkeit, in der Gerechtigkeit, Erbarmen, Liebe und Leben herrschen und in der die Menschen wie auch die Schöpfung Gott verinnerlicht haben.

Die Utopie des Reiches Gottes realisiert sich in der Geschichte, gelangt zu ihrer vollen Verwirklichung aber in Gott. Immer beginnt sie mit dem Schwächsten, mit dem geknickten Rohr, dem glimmenden Docht. An erster Stelle findet das Reich Gottes seine Verwirklichung in den Wesen, die am meisten bedroht, und in den Menschen, die am härtesten unterdrückt und am schlimmsten verrandet sind. So eignet dem Reich eine unaufgebbare Dimension der Befreiung: »Selig, ihr Armen, denn euch gehört das Reich Gottes« (Lk 6,20).

Geschichtliche Gestalt gewinnt die Utopie in allem, was Leben bewahrt, schützt und fördert. In der jüdisch-christlichen Überlieferung steht das Thema Leben fundamental im Mittelpunkt. Unser Gott ist ein lebendiger Gott, der Leben erzeugt und Leben erfüllt. Und Leben entfaltet sich in Gerechtigkeit, Erbarmen und Lieben. Die Schriften stellen das Leben als Ziel allen Seins dar. Ja, in gewisser Weise sind alle Wesen lebendig, weil Gottes wohlwollender Blick auf ihnen ruht, weil er sie will und liebt. Aus diesem Grund singen Himmel und Steine, Gebirge und Winde, Pflanzen und Tiere das Lob Gottes.

Reich Gottes – Sinn aller Sinngebung und Wert aller Wertschätzung – bringt allem Geschaffenen ›Befreiung von …‹ und ›Befreiung für …‹: Befreiung *von* allem, was den Bund des Zusammenlebens und der Solidarität unter den Wesen zerstört, wie auch *von* dem Graben, der uns von Gott trennt; und Befreiung *für* alles, was uns in die ursprüngliche Richtung zurückorientiert, wie auch *für* alles, was die ganze Schöpfung wachsen läßt nach allen Seiten ebenso wie nach oben.

Schließlich gehört zum jüdisch-christlichen Glauben ein Element der Hoffnung: die Auferstehung allen Fleisches. Auferstehung ist entschieden mehr als Wiederbelebung eines Leichnams. Auferstehung bzw. Auferweckung ist die Vollendung und Verklärung aller Menschen und jedes einzelnen Menschen. Mit anderen Worten: Was möglich war, wird nunmehr strahlende Wirklichkeit; was die Dynamik der Schöpfung allenthalben an Verheißung andeutete, wird jetzt unüberbietbare Erfüllung. Auferweckung heißt: Die Welt findet zu ihrer Urquelle zurück, nur reicher geworden, vollendet und Auge in Auge mit Gott selbst.

Der so skizzierte positive Gehalt von christlichem Glauben und christlicher Hoffnung läßt sich in jeden kulturellen Code übersetzen. Nichts ist für den Glauben null. Der Glaube zieht alles empor und treibt alles voran. Mit seinem Hoffnungspotential wie mit seiner Dynamik, der Schöpfung, einschließlich ihrer Ressourcen, Geltung zu verschaffen, ist er, der Glaube, universalisierbar. Beinhaltet er doch, daß die Existenz Sinn macht, daß das Weltall komplex ist und dennoch eine Einheit bildet und daß die letzte Bestimmung des Lebens das Leben Gottes selbst ist.

Dieser eine Glaube brachte sich zum Ausdruck in allen Kulturen, aber auch in der Vielzahl der Religionen und Erfahrungen des Göttlichen und Heiligen. Keine Kultur und keine Religion hat das Monopol über die Gotteserfahrung und über den Stil, wie Gott zu beschreiben ist. Kulturen und Religionen sind immer relativ und offen. Mit diesem Satz relativieren wir nicht den Glauben, sondern nur die kulturellen Formen, in denen er sich darstellt. Wer um diese Differenzierung weiß und sie entsprechend berücksichtigt, kann sich nur bereichert fühlen in der Identität ein und desselben Glaubens mit seiner persönlichen, gemeinschaftsbezogenen, kosmischen und göttlichen Dimension.

Dies ist dann ein Christentum der Befreiung – neben anderen Ausdrucksformen des Glaubens, die es nicht für zweitrangig erklärt und, zumindest der Intention nach, nicht unterdrückt oder zerstört. Das Christentum der Befreiung setzt den Traum Jesu und aller wirklich religiösen Personen in die Tat um: daß Gott weder auf dem Berg Garizim noch in Jerusalem, weder in Rom noch in Mekka angebetet wird, sondern im Geist und in der Wahrheit (vgl. Joh 4,23). Und die Anbetung trägt um so deutlicher die Merkmale des Geistes und der Wahrheit, als das Engagement der Befreiung der Unterdrückten und aller anderen hinzukommt, die man aus Geschichte und Natur ausgeschlossen hat. Dies ist dann ein Gottesdienst, wie er dem Herrn gefällt; denn diese Art von Gottesdienst trägt zur Wiederherstellung der Menschheitsfamilie bei, die ja die Familie Gottes ist, und macht es ihren Mitgliedern möglich, frei zu sein und freundschaftlich-liebevoll miteinander umzugehen.

6. Treue zu einem größeren Traum

Eine Geburt ist immer eine schwierige und gefährliche Sache. Das Kind muß durch die schwerste Krise seines Lebens hindurch. Ringsum nur Druck und Enge. Doch schließlich wird es aus dem Geburtskanal gepreßt. Alles, was neu ist, erblickt auf diese Weise das Licht der Welt. Die Menschheit befindet sich in einem schwierigen Übergang: vom Nationalen zum Weltweiten, vom Weltweiten zum Kosmischen; von Masse und Energie zu Information und Kommunikation; vom ›Makro‹ zum ›Mikro‹ (Miniaturisierung der Maschinen); von der Bewegung nach außen zum Wachstum nach innen, vom Materialismus zum holistischen Spiritualismus, von der linearen Logik des Einfachen zur dialektischen Logik komplexer Zusammenhänge. Natürlich geht solch ein Ostern (*Pessach* – Übergang) nicht ohne Überraschungen und Widersprüche vonstatten zwischen dem Alten, das nicht weichen, und dem Neuen, das endlich hervortreten will. Wir haben uns auf Schmerz und Leid einzustellen. Aber wie die Gebärende schon während der Geburtsarbeit und trotz ihrer Schmerzen Freude verspürt, so freuen auch wir uns schon heute, weil da etwas Neues geboren wird: eine planetarisierte Menschheit, wohlwollend und mit weiter vermenschlichten Zügen.

Ausgangspunkt unserer Überlegungen ist die Hypothese, daß uns große Veränderungen unmittelbar bevorstehen, das heißt eine neue planetarische Zivilisation. Und diese planetarische Zivilisation deutet ihrerseits darauf hin, daß alles, was Bewußtsein hat, konvergiert und eine Noosphäre gebiert. Noosphäre heißt, daß der Geist des Menschen an der anbrechenden Mundialisierung Maß nimmt; bzw., besser gesagt, Noosphäre ist das Phänomen der Planetarisierung oder Einigung der Welt, insofern es dem menschlichen Geist bewußt wird. Ohne Noosphäre bliebe der ganze Prozeß Stückwerk.

Im Gesamtprospekt der geschaffenen Wesen ist dies das Spezifikum des Menschen. Zusammen mit der Natur steuert der Mensch den Prozeß der Entwicklung. Zwar kann er ihren Schritt verlangsamen und andere von ihr abhängen. Aber er hat es nicht in der Hand, den Pfeil der Zeit oder den Strom des Weltalls das Ziel verfehlen zu lassen. Wer so dächte, würde den Menschen nur zu hoch einschätzen. Zwar kann er den Gang der Dinge, so wie er vor Milliarden Jahren in Bewegung kam, als er aus den Tiefen der Evolution auftauchte, unterstützen oder auch beeinträchtigen. Treffend beschreibt Blaise Pascal in seinen *Pensées* das Sein des Menschen: »Welches Trugbild ist denn der Mensch? Welches noch nie dagewesene Etwas, welches Monstrum, welches Chaos, welcher Hort von Widersprüchen, welches Wunderding? Ein Richter über alle Dinge, ein schwacher Erdenwurm, ein Hüter der Wahrheit, eine Kloake der Ungewißheit und des Irrtums, Ruhm und Abschaum des Weltalls.«[10] Dennoch ist er verantwortlich für das, was er zu tun hat. Aus diesem Grund ist er in der Schöpfung auch als einziger ein ethisches Wesen.

Die Aufgabe des Menschen ist es, das Band zu erfinden, das alle Ebenen miteinander verbindet und noch ein-

10 *B. Pascal,* Gedanken, aus dem Französischen übersetzt von Ulrich Kunzmann, Leipzig 1987, 66.

mal verbindet. Doch das hat etwas mit Re-ligion zu tun. In der Religion geht es nämlich darum, daß alles miteinander in Verbindung kommt: das Bewußte mit dem Unbewußten, der Geist mit dem Körper, der Mensch mit der Welt, das Männliche mit dem Weiblichen, das Menschliche mit dem Göttlichen. Der Auftrag der Religion erschöpft sich nicht im Sakralen. Religion hat ihren Ort im Leben. Und dort hat sie auch die Wieder-verbindung und Synthese zu schaffen. Gelungene Religion vermittelt Gotteserfahrung, die dann so etwas ist wie der rote Faden, der alles durchzieht und zu einer Einheit führt, nach oben und nach vorn. Gelungene Religion schafft Symbole und Rituale, die ihrerseits einen Raum zu einem sakralen Raum machen. Und dort feiern wir dann den Gott des Lebens und der Gemeinschaft, der Menschheit und des Kosmos.

Im Sinne dieser Re-ligion leben ist das Werk des Glaubens, wie wir ihn zuvor beschrieben haben. Die geschichtlich gewordenen Religionen und namentlich das Christentum stehen vor der Herausforderung, den Glauben wiederzugewinnen – im ursprünglichen Sinn, daß er die Wieder-verbindung aller Dinge miteinander herstellt. Heute drängt diese Herausforderung um so mehr, als sich der Prozeß der Einigung der Menschheit immer mehr beschleunigt. Glaube so verstanden hat zum Engagement für gesellschaftliche Gerechtigkeit zu führen, damit die ausgestoßenen zwei Drittel der Menschheit wieder in die menschliche Familie hineingeholt werden können. Darum wird der Glaube entweder ein befreiender Glaube, oder aber er verbindet nichts und niemanden.

Der Auftrag der Wieder-verbindung geht alle und jeden einzelnen wie jede einzelne an. Das Christentum ist imstande, in den Menschen die Verantwortung dafür zu wecken, daß sie den Traum nicht aufgeben von einer versöhnten und gerechten Welt in einem Kosmos, der uns als Komplizen sieht, damit er eine höhere Stufe der Komplexität, Verinnerlichung und Einheit erreicht, auf die ihn die zweitausendjährige Logik der Dinge treibt, und damit wir ein angemessenes und kohärentes Beispiel geben.

So kommt niemand daran vorbei, sich dort, wo ihn oder sie das Schicksal hingestellt hat, für eine molekulare Revolution zu engagieren. Niemand kann ihn dabei ersetzen, noch kann er statt seiner eine Gruppe, eine Gemeinschaft, eine Kirche oder einen Staat delegieren. Jeder und jede ist unausweichlich gefordert.

Nur so wird der *homo sapiens* mit seinen Kräften in der Lage sein, die Kräfte des *homo demens* in deren Gegenrichtung mitzuschleppen und einen Schritt vorwärts zu tun, bis er dann eintaucht in das Universum und jenem Geheimnis der Zärtlichkeit und der Glückseligkeit begegnet, das dem All innewohnt und das von den Menschen aus freien Stücken und bewußt aufgenommen werden will.

II. Kapitel

Neue Weltordnung und Christentum

Ob wir von der südlichen oder nördlichen Halbkugel der Erde stammen, in einem Punkt geht es uns allen gleich: Alle stecken wir im Moment in einer radikalen Krise, in einer Zivilisationskrise, in einer umfassenden Sinnkrise. Uns alle bedrängt die Frage: Wozu sind wir eigentlich auf dieser Erde?

Inwiefern hilft uns das Christentum, schadlos aus dieser Krise zu kommen? Oder gezielter gefragt: Inwiefern hilft uns das Christentum, das 20. Jahrhundert ungeschoren zu beenden und das 21. Jahrhundert hoffnungsvoller zu beginnen?

1. Die Weltkrise aus der ethischen und politischen Sicht des Südens

Aus welcher Perspektive deuten wir die Krise? Ich bin zutiefst davon überzeugt, daß unser Ausgangspunkt eine ethische und nicht bloß eine politische Blendeneinstellung sein muß. Ehrlichkeit ist dabei das entscheidende Kriterium. Wenn wir ehrlich sind, dann lassen wir die Wirklichkeit selbst sprechen; dann decken wir die Verhältnisse der Welt, in der ja der größte Teil der Menschheit ein leidvolles, verzweifeltes Leben führt und einen vorzeitigen Tod stirbt, nicht einfach zu. Ethisch ist unser Blickwinkel dann, wenn wir das Szenarium aus der politischen Perspektive des Südens betrachten, wo ja zwei Drittel der Menschheit ihr Kreuz zu tragen haben, und wenn sich auch in den reichen Ländern des Nordens die Verbündeten der Armen auf diesen Standpunkt einlassen.

Aber dies ist nur der Ausgangspunkt. Auf das Ziel, auf die umfassende Lösung, kommt es an. Zu dem Ziel tragen aber auch andere Perspektiven bei, das heißt die Einstellungen von Minderheiten in den Ländern des Nordens. So finden Ethik und Politik zusammen.

Wie sieht die Lage der Menschen im Süden aus? Der ›Human Development Report‹ des ›United Nations Development Program‹ (UNDP) aus dem Jahre 1990 liefert folgende Daten:

– Mehr als eine Milliarde Menschen (dreimal mehr als die Bevölkerung der Europäischen Union) lebt in absoluter Armut;

– an die 900 Millionen Menschen können weder lesen noch schreiben;

– rund zwei Milliarden Menschen haben kein sauberes Trinkwasser;

– 100 Millionen Menschen (die Bevölkerung Frankreichs, Spaniens und Belgiens zusammen) haben kein Dach über dem Kopf;

– 800 Millionen Menschen leiden ständig Hunger;

– 150 Millionen Kinder unter fünf Jahren sind unterernährt;

– 14 Millionen Kinder sterben jedes Jahr, ehe sie fünf Tage alt werden.[1]

In Berichten anderer internationaler Organisationen (IWF, Weltbank) heißt es:

Die Auslandsverschuldung der armen Länder belief sich im Jahre 1991 auf etwa 1,3 Billionen US$. Zwischen 1983 und 1990 flossen Kapitalmengen in der Größenordnung von 450 Milliarden US$ aus den armen in die reichen Länder. Der Betrag entspricht dem doppelten Satz des Marshallplanes, mit dessen Hilfe Europa nach der Katastrophe des Zweiten Weltkrieges wiederaufgebaut wurde. Mechanismen dieser Art erklären, weshalb die reichen Länder in den letzten Jahren ihren Reichtum verdreifachen konnten, während das Volumen der in ihnen geleisteten Arbeit um ein Viertel zurückging.

Im Laufe der achtziger Jahre überwiesen die Staaten Lateinamerikas für ihre Schulden in Höhe von insgesamt 400 Milliarden US$ an Zinszahlungen etwa 200 Milliarden US$ ins Ausland.

Wer hilft da wem? Wir leben in einer verkehrten Welt. Die Armen helfen den Reichen. Die reichen Länder brauchen erst gar nicht mehr in die technisch unter-

1 *United Nations Development Program* (Hrsg.), Human Development Report, New York–Oxford 1990.

entwickelten Länder zu investieren. Sie brauchen nur noch ihre Außenstände einzufordern. Was die armen Länder auch erwirtschaften und exportieren, auf allem lastet gleich eine Hypothek zur Begleichung der Außenschuld. Doch da derzeit im Zeichen des weltweit operierenden Kapitals ein Prozeß der Mundialisierung in Gang ist, verschärft sich die Lage nur noch weiter.

Wie im vorigen Kapitel dargelegt, befinden wir uns in der Tat in einem Prozeß der Mundialisierung von Wirtschaft, Wissenschaft, Technologie, Kommunikation und Information wie auch der herrschenden Strömungen in der zentralen Kultur. Immer weniger hört man das alte Schlüsselwort ›Entwicklung‹. Statt seiner ist die Rede von ›Markt‹ und von Integration der kontinentalen Märkte in den Weltmarkt. Das Zauberwort, das alle Staatsführer im Munde führen, heißt ›Modernisierung‹ bzw. ›Moderne‹.

Was steckt hinter dem Ausdruck ›Modernisierung‹? ›Moderne‹ oder ›Modernisierung‹ ist die neue gesellschaftliche Utopie, die die Begriffe ›Kapitalismus‹ und ›Sozialismus‹ verdrängen soll. Doch auf welchem Wege gelangt man zur Modernisierung? Auf dem Weg des ›Neoliberalismus‹, heißt es allerorten. Der Neoliberalismus gilt als der Höhepunkt der Geschichte, für einige sogar als das Ende der Geschichte. Aus diesem Grund müßten sich alle Länder mit Hilfe des Neoliberalismus modernisieren.

Aber was ist und was will der Neoliberalismus in Wirklichkeit? Die Antwort ist eindeutig: Der Neoliberalismus ist die gegenwärtige Phase der kapitalistischen Akkumulation. Produziert wird nicht mehr auf nationaler oder internationaler, sondern auf weltweiter Basis.

Und gebraucht wird dazu die avancierteste und sauberste Technologie, über die allein die Länder des Nordens verfügen und die sie den weniger entwickelten Ländern nie zukommen lassen würden.

Zentraler Wert ist die Privatisierung und die daraus sich ergebende Überhöhung des Individuums. Die Rolle des Staates müsse zurückgeschraubt werden; der Staat dürfe nicht mehr so viel in gesellschaftliche Belange wie Gesundheitswesen, Schule und soziale Sicherheit investieren, heißt es. Doch wer so etwas den Ländern des Südens aufzwingt, liefert Millionen von Armen dem Tode aus. Denn die meisten dieser Länder haben noch nicht ihre soziale Revolution gehabt; und wer sich in dieser Lage um öffentliche Gesundheit, Schule, Wohnung und Basisdienste kümmert, ist allein der Staat. Wäre nicht der Staat, liefe nichts. Kein Unternehmen investiert doch in soziale Dienstleistungen ohne Aussicht auf Gewinn.

Für die Dritte Welt sind die achtziger Jahre ein verlorenes Jahrzehnt. In Lateinamerika steigerten nach Angaben der ›*Food and Agriculture Organization*‹ (FAO) die reichsten 5% der Bevölkerung ihr Vermögen um 8%, während die 75% der Armen um 13% ärmer wurden. Mit anderen Worten: Der Graben zwischen arm und reich vertiefte sich um 21%.

Die internationalen Finanzorgane wie auch die Regierungen der Nordländer zwingen den Südländern eine Politik auf, die bekannt ist unter dem Namen ›strukturelle Anpassungen‹. Mittels dieser Anpassungen sollen die jeweiligen Staaten ihre Wirtschaft auf die Erfordernisse des Marktes einstellen, der freilich von den Ländern des zentralen Kapitalismus beherrscht wird.

Dabei wird der Markt dargestellt als die große Realität, als Naturgesetz, als einzige weltweit gültige Form der Produktion. Wir sind nicht gegen den Markt als solchen. Nur: Der weltweit integrierte kapitalistische Markt hat seine ganz spezifische Mechanik und führt zu perversen Folgen. Im Wettbewerb des Marktes hat man sich gegen Konkurrenten zu behaupten. Die Logik der Konkurrenz ist der Ausschluß des Schwächeren. Nur solche Unternehmen und Nationen sind wettbewerbsfähig, die die fortschrittlichsten Technologien einsetzen und die diese auch kaum anderen zukommen lassen. An Technologien dieser Art hängt die Modernisierung mit Leistungssteigerung und Gewinn, wenn auch nur für die Stärksten.

Unter dem Zwang von Modernisierung und Wettbewerb folgt der Neoliberalismus einer Logik des Aussortierens. Die technologisch rückständigen, wettbewerbsschwachen und aufgrund der Armut und des Elends von internen politischen Krisen geschüttelten Südländer sind uninteressant geworden. Ausländische Unternehmen investieren dort nur noch kaum. Wir sind null, weil uns der Markt aussortiert hat. Wer aber einmal vom Markt weg ist, den gibt's überhaupt nicht mehr.

Früher, in den sechziger, siebziger und achtziger Jahren, herrschte ein Wirtschaftsmodell, das auf Entwicklung abzielte. Wir waren unterentwickelt und wollten uns entwickeln. Wir sahen uns dem System gegenüber und wollten entweder unseren Platz darin, oder aber wir wollten es verändern. Optimismus war die allgemeine Stimmung, und an Hoffnung mangelte es nicht. Heute dagegen haben wir ein Wirtschaftsmodell, in dem es nur noch um die Begleichung der Auslandsschuld geht. Je nach Land verschlingt der Schuldendienst 35–50% der Einnahmen. Wir sind ärmer als vorher. Von Hoffnung keine Spur mehr. Keiner kann mehr erwarten, daß sich unsere traditionellen Probleme im Rahmen des bestehenden Weltsystems lösen lassen. Man hat uns vor die Tür gesetzt. Verstoßen, wie wir sind, sehen wir uns nicht mehr dem System gegenüber, sondern Elend, Verrandung und Tod. Vielerorts grassiert eine Kultur der Resignation und der Verzweiflung.

Mehr und mehr setzt sich die Idee durch, für die Länder der sogenannten Dritten Welt, welche in Wirklichkeit jedoch die Zwei-Drittel-Welt ist, gäbe es weder Zukunft noch Rettung mehr. Wollten sie mitreden, müßten sie sich mehr denn je der Wirtschafts- und Gesellschaftspolitik der Länder des Zentrums fügen. An der Logik der Mundialisierung führe auch für sie kein Weg vorbei. Die Folgen sind für die betreffenden Bevölkerungskreise schlimmer als zu Zeiten des Kolonialismus.

Die Mundialisierung schaltet alles gleich. Wo man auf der Welt auch hinkommt, überall dieselben Werte nach der Norm ein und desselben Systems, dieselben Richtungen in der Kultur, derselbe Stil im Konsum. Die Aggressivität des Marktes vernichtet jede Kultur, Schutz gibt es für keine mehr. Ob in der Innenstadt von Rio de Janeiro oder Mexiko, ob im Zentrum von Prag oder Paris, ob in der Stadtmitte von New York oder Berlin, überall dasselbe Einerlei, dieselbe Monotonie.

Als McDonald's 1989 in Moskau seine erste Filiale eröffnete, soll der Beauftragte des Konzerns gesagt haben: »Eines können wir uns rühmen: der Tatsache, daß wir den ›Big Mac‹ kreiert haben. Ob in Rio de Janeiro oder in New York, in Tokio oder in Peking, in Singapur oder jetzt hier in Moskau, überall ist unser ›Big Mac‹ gleich.« Das gleiche Brot, das gleiche Fleisch, das gleiche Ketchup! Die gleiche Formel und der gleiche Geschmack. McDonald's zeigt, welche Logik das System der Mundialisierung und Homogenisierung regiert.

Die Mundialisierung macht alles zu einem ›Big Mac‹. Hotelerie und Kleidung, Film und Video, Musik und Fernsehen, alles hat nur noch ein und denselben Stil. Ja, sogar der Vatikan hat jetzt seinen ›Big Mac‹: den Welteinheitskatechismus. Der neue Katechismus ist überall gleich. Auf dem Nordpol oder in den Tropen Amazoniens, in Rom oder in Bangkok oder auf Tahiti, Sünde ist Sünde, Tugend ist Tugend. Unterschiede in der Mentalität, keine offenbar. So kann sich der Katholizismus nunmehr auch seines ›Big Mac‹ rühmen.

Doch immer mehr setzt sich die Überzeugung durch, daß es keine Alternative zu diesem Gesellschaftsmodell gibt. An etwas anderes ist nicht zu denken, wie Franz Hinkelammert in seinen Untersuchungen zur Wirtschaft aus der Perspektive des Großen Südens gezeigt hat.[2] Der Grund ist nicht nur der, daß sich ein anderes System gar nicht aus eigener Kraft halten könnte, sondern vor allem der, daß die, die heute an der Macht sind, so etwas nicht wollen und stark genug sind, es gegebenenfalls zu zerstören. Man denke nur an Nikaragua oder an die eiserne Blockade um Kuba.

2 Vgl. *H. Assmann/F. J. Hinkelammert*, Götze Markt (Bibliothek Theologie der Befreiung), Düsseldorf 1992.

2. Gründe für die weltweite Krise

Die Krise, in der wir gegenwärtig stecken, ist eine radikale Krise – in dem Sinn, daß die Wurzel, die Grundlage unserer Kultur getroffen ist. Abstrakt formuliert, heißt das, daß unser Paradigma ins Wanken geraten ist. Konkret betrachtet, ist damit gesagt, daß der große Traum, die Utopie, die der modernen Welt in den letzten Jahrhunderten Sinn verliehen haben, in Frage stehen. Und was war dieser Traum? Inhalt des Traumes der Moderne war unbegrenzte Entwicklung und der Wille zu grenzenloser Macht, um die anderen, fremde Völker genau so wie die ganze Natur zu beherrschen.

Treffender als das ›Cogito, ergo sum – Ich denke, also bin ich‹ des Philosophen René Descartes bringt das ›Conquiro, ergo sum – Ich erobere, also bin ich‹ des Hernán Cortés, des Eroberers und Zerstörers Mexikos, die Triebkraft der Moderne zum Ausdruck. Die Päpste der Zeit, Nikolaus V. (1447–1455) und Alexander VI. (1492–1503), schrieben dem Herrschaftsgeist der Europäer göttliche Legitimation zu. Im Namen Gottes sprachen sie den imperialistischen Mächten der Zeit, den Königen von Spanien und Portugal, »die volle und freie Berechtigung« zu, »in fremde Länder einzufallen und die Heiden zu erobern, zu bekriegen, zu besiegen und zu unterwerfen, sich ihrer Reiche, Herrschaften, Besitzungen und Güter zu bemächtigen und alles für den eigenen Gebrauch und Nutzen einzusetzen … Denn die göttliche Majestät findet großen Wohlgefallen daran, wenn barbarische Nationen niedergerungen und zum christlichen Glauben erniedrigt werden«.[3]

René Descartes und Francis Bacon, Vordenker des modernen Paradigmas, sagten gut ein Jahrhundert später kaum etwas anderes als die Päpste der Renaissance, als sie formulierten, der Mensch müsse sich als Herr und Meister über die Natur erweisen, die Natur zu sich ins Bett zwingen und sie bedrängen, damit sie ihm ihre Geheimnisse preisgebe; wie eine Sklavin müsse er sie sich zu Diensten machen.

Wozu das alles? Damit sich der Mensch entwickeln und glücklich werden kann. So sind Wissenschaft und Technik die großen Waffen, mit denen sich der europäische Mensch die Völker ebenso wie die ganze Natur unterwirft, um sich zu entwickeln und sein Glück zu finden.

a. Das Paradigma der Moderne in Kapitalismus und Sozialismus

Das Paradigma der Moderne kam bisher in zwei sich widerstreitenden Gesellschaftssystemen zum Ausdruck: im Kapitalismus und im Sozialismus. Der Kapitalismus hat die Güter privatisiert und die Träume sozialisiert, der Sozialismus die Güter sozialisiert und die Träume privatisiert. Das heißt: Der Kapitalismus hat Güter wie Produktionsstätten, Grund und Boden und Banken zu Privateigentum erklärt, dagegen zugelassen, daß die Träume auf alle nur möglichen Weisen verbreitet wur-

3 *P. Suess* (Hrsg.), A conquista espiritual da América Espanhola, Petropolis 1992, 227.

den, vor allem jedoch in der Werbung und im Fernsehen. Mit anderen Worten: So gestattete der Kapitalismus die Sozialisierung der Träume. Wichtig nur ist, daß sich die Träume, wollen sie denn Wirklichkeit werden, an die von den Interessen des Kapitals gesetzten Grenzen halten. In einer Favela kann das Brot auf dem Tisch fehlen, aber der Fernseher muß dasein; denn mit Werbung, Endlosserien und sprechenden Bildern hält das Fernsehen die Armen am Träumen.

Der Sozialismus hat Güter, Grund und Boden, Werke und Bildungseinrichtungen sozialisiert, die Träume aber privatisiert. Gestattet waren nur die Träume, die die Einheitspartei träumte bzw. die in Einklang standen mit dem sozialistischen Einheitstraum. Träume, die Menschen darüber hinaus hatten, wurden unterdrückt und verfolgt.

Heute können wir Bilanz ziehen. Der realexistierende Sozialismus ist gescheitert. Indem er die Träume unterband, unterband er auch Freiheit und Kreativität und zerstörte das Gespür für das Menschliche. Der realexistierende Sozialismus ist zusammengebrochen.

Der Kapitalismus läßt die Träume gewähren. Träume, selbst wenn sie trügerisch sind, stärken die Hoffnung und verlängern das Leben. Das ist der Grund, weshalb der Kapitalismus nach wie vor intakt ist. Nur, daß die Träume nichts als Schäume sind ... Darum löst auch der Kapitalismus kein einziges der Probleme, die sich der Sozialismus zu lösen vorgenommen hatte. Ganz im Gegenteil: Weltweit gesehen, haben sich die Probleme nur noch verschärft. Heute sind Armut und Gewalt – sowohl in den reichen als auch in den verarmten Ländern – weiter verbreitet als noch vor fünf Jahren.

Man muß sich die ungeheure Ironie mal vorstellen! Nach fünfhundert Jahren ist aus dem Traum von der Entwicklung für die Mehrzahl der Länder nichts als Unterentwicklung geworden. Die Unterwerfung der Natur führte dazu, daß jetzt die Schöpfung rebelliert. Umweltverschmutzung, Ozonloch und andere ökologische Verwerfungen bedrohen das Leben der Menschen und anderer lebender Arten.

Das moderne Paradigma von Macht und Unterwerfung der Welt und der Völker hat die Weichen zumindest an drei Stellen falsch gestellt. Folgende Fehlentwicklungen prägen unsere inzwischen mundialisierte Kultur unübersehbar: ein verkürztes Menschenbild, die Verdrängung des Weiblichen und die Mißachtung des anderen und der Natur.

b. Verkürztes Menschen- und Gesellschaftsbild

Was für ein Menschenbild verbirgt sich hinter dem Traum von materieller Entwicklung und materiellem Wohlstand? Offenbar steht die Vorstellung dahinter, der Mensch sei ein durch seine Bedürfnisse definiertes Wesen. Nun lehrt aber die Erfahrung, und die Weisen aller Zeiten bezeugen, daß Bedürfnisse, die Menschen haben, keine Grenzen kennen. Also muß auch die Entwicklung, die die Bedürfnisse der Menschen befriedigen soll, unbegrenzt sein. Aber es leuchtet jedem sofort ein, daß Bedürfnisse nie voll befriedigt werden können. Dann aber wird der Mensch, läßt er sich auf seine Bedürfnisse ein, immer unzufrieden bleiben. Die Frage ist nur, ob die Natur solch einen Impulsgeber als Triebkraft verträgt. Die Antwort kann vielleicht ein Satz von Mahatma Gandhi sein: »Die Erde kann die Grundbedürfnisse aller befriedigen, aber nicht die Habgier von Konsumfans«.

Nun hängt das Wesen des Menschen aber nicht nur an seinen Bedürfnissen. Der Mensch ist grundsätzlich ein Beziehungswesen, ein Wesen in Solidarität und Gemeinschaft. Der Mensch kann sich der Welt zuwenden und zu anderen Menschen zärtlich sein. Seine Träume gehen auch nach oben und erzählen vom absoluten Wunsch nach Liebe und Hingabe. Der Mensch träumt von Gott. Der Mensch ist nicht dazu verdammt, Gefangener seiner eigenen Bedürfnisse und ein Wolf gegenüber den anderen zu sein. Der Mensch ist dazu bestimmt, frei zu sein und den Mitmenschen in Freundschaft zu begegnen.

Dieses umfassende Verständnis läßt aber der Lebenssinn, wie er in der Moderne definiert wird, nicht zu. So kommt es, daß wir in eine Identitäts-, Hoffnungs- und Zukunftskrise geraten sind.

c. Verdrängung des Weiblichen

Ein weiterer Faktor, der neben vielen anderen Elementen zur gegenwärtigen Krise geführt hat, ist die Verdrängung des Weiblichen. Weiblichkeit und Männlichkeit sind eine Bestimmung jedes Menschen, ob Mann oder Frau. Weiblichkeit ist die Dimension der Innerlichkeit, der Fürsorge und der Achtung vor dem Leben und vor dem Geheimnis der Welt. Wir alle haben diese Dimension zu entwickeln. Die Frauen realisieren sie auf ihre Weise, aber auch die Männer können sie auf ihre Weise pflegen.

Nun hat die moderne Kultur mit Macht zu tun. Der Wille zur Macht hat die Dimension des Weiblichen verdrängt, bei den Männern wie bei den Frauen, in der Gesellschaft wie in den Religionen. So haben wir eine Kultur der Arbeit nach außen, des Äußeren, des Einsatzes von Macht und der Unterordnung in den Beziehungen der Menschen zueinander, aber auch im Verhältnis zur Natur.

Das Ergebnis ist eine von Männlichkeitswahn besessene Wissenschaft, eine durch und durch vermännlichte Gesellschaft und eine frauenfeindliche Kirche. Mithin ist der ganze Stil unserer Gesellschaft verarmt, es fehlt ihm die Ausstrahlung der ›anima‹. Die am härtesten von dem verkümmerten Lebensstil Getroffenen sind die Frauen.

Nun bilden aber die Frauen mehr als die Hälfte der Menschheit. Sie sind die Schwestern und Mütter der anderen Hälfte, das heißt der Männer. Wie gesund aber kann eine Gesellschaft sein, die auf der Vergewaltigung der anderen gründet, auf der Aggression gegen die Natur und auf der Verrandung der Frauen?

d. Mißachtung des anderen und der Natur

In der Menschheit gibt es viele Gattungen und Rassen, Kulturen und Meinungen, Verhältnisbestimmungen zur Natur und zu den Religionen. Und wie hat sich da die hegemoniale westliche Kultur zu dem verhalten, was anders war als sie? Tragisch. Der westliche Mensch tut sich ausgesprochen schwer, mit Andersartigem und Fremdem zusammenzuleben. Von wenigen Ausnahmen abgesehen, sah die Strategie stets folgendermaßen aus: Begegnete man Afrikanern, Asiaten, Indianern oder auch anderen Nichtweißen, war Gewalt die Methode. Ziel war es, all diese Menschen entweder zu unterwerfen oder zu vereinnahmen, damit sie sich auf diese Weise assimilierten, oder aber, sie schlicht zu liquidieren. Nur selten schloß man ein Bündnis mit dem Andersartigen, um sich gemeinsam dem großen Abenteuer des Lebens zu stellen.

Dramatisch war das Verhältnis der Europäer zu den Urkulturen Lateinamerikas im 16. Jahrhundert. Das Nichtakzeptieren des anderen führte zum größten Völkermord der Geschichte. Im Laufe eines Jahrhunderts wurden an die 50 Millionen Menschen umgebracht oder starben an den Folgen der Gewalt der Conquista.

Mißachtet wird auch ein anderes großes Gegenüber: die Natur. Die Moderne läßt die Natur nicht gelten als etwas Autonomes mit eigenen Werten, unabhängig von der Einsatzmöglichkeit durch den Menschen. Jedenfalls gab es die Natur schon Millionen Jahre, bevor die Spezies ›Mensch‹ auf den Plan trat. Erde und Natur werden herabbanalisiert zu einem Prospekt von Ressourcen, die sich der Gewinnsucht des Menschen als des Herrn des Ganzen anbieten. Der Grad, in dem die Lebensqualität inzwischen entwertet ist, liegt so unübersehbar auf der Hand, daß es keiner weiteren Darlegung bedarf.

Hier nun stellt sich die Frage: Können wir an der Logik der unbegrenzten Entwicklung festhalten und zugleich verhindern, daß die Natur ruiniert und immer mehr Elend in der Welt produziert wird?

3. Schritte auf dem Weg zu einem neuen Bündnis

Um aus der Krise herauszukommen, müssen wir uns einen neuen Traum und eine neue Sinngebung für das Leben einfallen lassen. In religiöser Begrifflichkeit könnten wir auch sagen, wir brauchten eine neue Spiritualität, das heißt eine neue Begegnung mit dem tragenden Sinn des Lebens und der Geschichte, den wir auch als Geheimnis der Welt, als Grund der Evolution, als Pfeil der Zeit oder, in einem einzigen Wort gesagt, als Gott bezeichnen könnten.

a. Paradigma der Rück-bindung

Wir brauchen eine neue Re-ligion im tiefen und wortgeschichtlichen Sinn des Begriffs. Oder anders ausgedrückt: Wir brauchen ein Paradigma, das alles rückbindet an einen so umfassenden Sinn, daß dieser zum roten Faden wird, mit dem wir alle Erfahrungen, alle Experimente, alles Wissen, alle geistlichen Überlieferungen, alle Varianten von Politik und alle Formen von Humanisierung zusammennähen und so eine planetarische Wirklichkeit schaffen können, die zugleich eins und differenziert, dynamisch und inklusiv ist. Dazu kommt es darauf an, die verschiedenen Beiträge zusammenzuführen, die Punkte, an denen sie sich ergänzen, zu erkennen und dialektisch zu integrieren, und so zukünftig, in einer Perspektive der Konvergenz, etwas Neues zu entwickeln. Politisch heißt das zum Beispiel, daß die Wahrheitsmomente, die auch in den inzwischen abgewickelten Systemen stecken, in einer realistischen, menschlich-spirituellen und nicht nur verbalen Synthese zur Geltung gebracht werden müssen.

Der Kapitalismus hat eine Kultur des *Ich ohne das Wir*, der Sozialismus eine Kultur des *Wir ohne das Ich* geschaffen. Was wir jetzt brauchen, ist eine Synthese, die das Zusammenleben des *Ich mit dem Wir* gestattet. Gefragt ist weder Individualismus noch Kollektivismus, gefragt ist soziale und partizipative Demokratie.[4] So stehen wir vor der Aufgabe, uns neuzuorientieren hinsichtlich unseres Menschenbildes, der Integration des Weiblichen und des Bündnisses mit der Natur. Nur so werden wir zu einer neuen Spiritualität finden und den Faden entdecken, der alles verbindet und rück-bindet.

b. Der Mensch als Beziehungswesen

Die beste Definition, die für den Menschen je gefunden wurde, ist vielleicht, zu sagen, der Mensch sei ein Knäuel von Beziehungen in die verschiedensten Richtungen. Das bedeutet: Der Mensch ist Person; will sagen: ein Wesen, das offen ist (Ek-si-stenz) zum Geben und Nehmen, zu Partizipation, Solidarität und Gemeinschaft. Alle diese Begriffe zeigen, daß die Wege des Menschen keine Einbahnstraße sind, sondern in die eine und andere Richtung laufen. Je mehr sich der Mensch mitteilt, aus sich herausgeht, sich gibt und das Geschenk des bzw. der anderen annimmt, desto mehr ist er Person. So gibt al-

4 Vgl. *H. Goldstein*, Art. Demokratie, in: ders., Kleines Lexikon zur Theologie der Befreiung, Düsseldorf 1991, 38–39.

lein schon die Definition des Menschen als Beziehungswesen zu erkennen, daß er ein einmaliges Subjekt (ein Ich) ist, das zugleich aber in Gemeinschaft (Wir) steht.

Was anthropologisch wahr ist, muß nun auch politisch wahr gemacht werden. Wollen wir als Kollektiv überleben, kommen wir – jenseits von Sozialismus und Kapitalismus – nicht an einer *sozialen Demokratie* vorbei. *Soziale Demokratie* ist heute, wo man auf der Welt auch hinschaut, vielleicht sogar das Schlüsselwort in der politischen Vorstellungswelt. Wie ein Tisch normalerweise auf vier Beinen steht, so ruht auch der Begriff *Soziale Demokratie* auf vier Säulen, wie Herbert José de Souza – in Brasilien mit freundschaftlichem Spitznamen *Betinho* genannt – unablässig betont.[5]

– *Teilhabe*: Der Mensch hat Vernunft und Freiheit. Deshalb will er von dem Gesellschaftsprojekt, in dem er lebt, nicht nur profitieren, sondern es auch mitgestalten, darüber mit entscheiden und daran teilhaben. Nur durch Partizipation wird er zum Träger von Geschichte. Doch Partizipation hat sich von unten nach oben aufzubauen und darf niemanden ausschließen.

– *Gleichheit*: Partizipieren alle, bewegt sich das Ganze in Richtung Gleichheit. Jeder Mensch ist einmalig und anders als alle anderen. Doch Teilhabe verhindert, daß sich der Unterschied zur Ungleichheit auswächst. Gemeint ist hier Gleichheit in der Würde und im Recht als Basis für soziale Gerechtigkeit. Hand in Hand mit der Gleichheit geht die Billigkeit, das heißt der Anteil, der jemandem dank seiner Mitarbeit am Aufbau des Gemeinwesens zusteht.

5 Vgl. z. B.: *H. J. de Souza*, Construir a Utopia. Proposta de Democracia, Petrópolis 1987.

– *Verschiedenartigkeit*: Die Unterschiede zwischen den Menschen müssen berücksichtigt und begrüßt werden als Ausdruck der Möglichkeiten, die in Individuen und Kulturen stecken, und als Reichtum an Formen, wie sie partizipieren. Gerade die Unterschiede bringen den Reichtum der einen Menschheit zum Ausdruck.

– *Gemeinschaft*: Der Mensch hat seine Subjektivität. Er ist in der Lage, in Kommunikation zu treten mit seinem Inneren wie auch mit der Subjektivität der anderen. Er ist imstande, Werte zu pflegen, Mitleid und Solidarität mit den Schwächeren walten zu lassen und in Dialog zu treten sowohl mit der Natur als auch mit der Gottheit. Gemeinschaft hat mit Spiritualität zu tun.

Die so skizzierten vier Beine oder Säulen gehören zusammen. Sie bilden die Grundlage für den neuen Traum von einer gemeinschaftlichen, partizipativen, solidarischen und geistig-geistlichen Menschheit. Dieser erzieht uns dazu, aus Liebe zu den Wünschen des Ganzen unsere eigenen persönlichen und gemeinschaftlichen Wünsche zurückzustellen. Nur so werden wir zum Gemeinwohl sowohl der Menschheit als auch des Kosmos beitragen können.

c. Integration des Weiblichen im Mann und in der Frau

In solch einer offenen Demokratie haben es die einzelnen wie auch die Kulturen leichter als anderswo, die Dimension des Weiblichen zu integrieren. Im menschlichen Leben dürfen nicht nur Vernunft, Leistung und Arbeit zählen, zählen müssen auch Zwecklosigkeit und

Unentgeltlichkeit, Zärtlichkeit und Zuwendung zum Leben, Lust am Beisammensein und Staunen über die Dinge. Wer so lebt, ob als Mann, ob als Frau, läßt in sich die Dimension des Weiblichen zum Tragen kommen.

In einer Gesellschaft, in der die Frauen den Männern gleichgestellt sind, übernehmen Männer und Frauen, mit ihren je spezifischen Merkmalen, gemeinsam alle Aufgaben in Familie und Öffentlichkeit. Nicht das Geschlecht ist dann der maßgebliche Bezugswert, sondern die Person.

Weil in einer offenen Demokratie der Frau mehr Mitwirkung in der Öffentlichkeit möglich ist, wird es auch mit Sicherheit mehr Zuwendung, Zärtlichkeit und Schutz des Lebens geben, vor allem für die Schwächsten bzw. für die von Natur und Geschichte am härtesten Getroffenen. Weil der Männlichkeitswahn dann ausgespielt hat und das Weibliche integriert sein wird, wird es in den menschlichen und kosmischen Beziehungen ohne Zweifel auch weniger zerstörerische Konflikte geben.

d. Ein neues Bündnis mit der Natur

Mehr und mehr entdeckt sich der Mensch als Teil der Natur. Sein Verhältnis zur Natur kann nicht weiter in der Herrschaft über sie bestehen, sondern muß zu einem Zusammenleben mit ihr werden auf den Grundlagen eines neuen Bündnisses von Geschwisterlichkeit, Achtung und Zwiesprache. Der Mensch braucht zu seinem Lebensunterhalt die Natur, wie umgekehrt die Natur im Zeichen der Kultur den Menschen braucht, um bestehen und ihr Gleichgewicht erhalten bzw. wiederherstellen zu können. Alle Wesen der Natur sind Träger von Rechten. Alles, was existiert und lebt, verdient, zu existieren und zu leben.

Demokratie muß nicht nur menschlich und sozial sein, Demokratie muß auch kosmisch sein. Was wäre unsere Gesellschaft ohne Bäume, ohne klares Wasser und saubere Luft und ohne das Strahlen der Sterne? Alles, was existiert, haben wir Menschen als Neubürger zu begrüßen. Als Brüdern und Schwestern müssen wir uns allen Wesen verbunden fühlen, angefangen mit den entferntesten Milchstraßen bis hin zur Ameise auf dem Weg. Wenn wir den Kosmos so betrachten, werden wir auch imstande sein, das Heilige und Geheimnisvolle, das das Weltall trägt und das die Religionen Gott nennen, neu zu erfahren.

Um des Gemeinwohls für Mensch und Kosmos willen müssen wir auf der Grundlage dieses neuen Bündnisses neu nach dem Sinn der gesellschaftlichen Veränderungen fragen.

Bisher galt für uns der Traum von großen erlösenden Revolutionen: von der wissenschaftlich-technischen Revolution, der bürgerlichen, der sozialistischen und der kybernetischen Revolution. Doch alle diese Revolutionen forderten von Mensch und Natur ein hohes Maß an Ungerechtigkeit. Millionen von Menschen wurden geopfert, und zahllose Werte und Kulturgüter sind ein für allemal dahin. Heute haben die meisten Menschen die Hoffnung auf universale Revolutionen, die für alle Gesellschaften gelten sollen, begraben.

Natürlich brauchen wir Revolutionen, um die notwendigen Veränderungen in die Wege zu leiten. Nur, die Wege zu diesen Veränderungen haben sich inzwischen geändert. Mit strukturellen Veränderungen ist es nicht mehr getan; verändern müssen sich auch die subjektiven – persönlichen wie kollektiven – Träger und Trägerinnen.

Wir glauben an *molekulare Revolutionen.* Wie Moleküle, die kleinsten Teile der lebenden Materie, nur dank ihrer Verbindung mit anderen Molekülen und mit ihrem Umfeld leben können, so ähnlich müssen auch die Revolutionen beginnen mit kleinen Gruppen und Gemeinschaften, die ein Interesse an Veränderung haben. Und in den Gruppen verändern sich dann die Menschen, mit ihren Verhaltensmustern und in ihren Beziehungen zum gesellschaftlichen Umfeld. Auf diese Weise lassen sich dann auch nach und nach umfassendere Räume der Gesellschaft umgestalten.

Solche molekularen Revolutionen finden im Moment auf der ganzen Welt statt. Allenthalben entstehen Gruppen, Gemeinschaften und Kreise mit einem neuen Solidaritätsbewußtsein für die durch das System Unterdrückten und An-den-Rand-Gedrängten vor Ort und anderswo auf der Erde. Wir denken dabei an Kreise, die sich um die Umweltproblematik und um die Urbevölkerung auf diesem oder jenem Erdteil kümmern; an Initiativen, die Hilfe zur Selbsthilfe praktizieren und vorzugsweise Waren aus den armen Ländern kaufen und verwenden; an Gemeinschaften, die neue spirituelle und religiöse Erfahrungen machen. Gruppen in den reichen Ländern bemühen sich um Austausch mit Gruppen in armen Staaten; sie besuchen sich gegenseitig und engagieren sich für ein gemeinsames Bewußtsein im Sinne neuer Formen der Mundialisierung, die nicht mehr auf Markt, Wirtschaft, Wissenschaft und Technik beruhen, sondern auf Solidarität, offenem Austausch und gegenseitigem Voneinander-Lernen.

Langsam haben wir den Weg zu unserer gemeinsamen Heimat zurückgefunden. Überall ist zu beobachten, daß den Menschen ein sanfteres, achtsameres Verhältnis zur Natur am Herzen liegt. Wir beginnen, mit den Bergen und Wäldern, mit den Tieren und Vögeln, ja mit allen Elementen der Natur geschwisterlich zusammenzuleben, solidarisch in der gemeinsamen Zielbestimmung. Allmählich bahnt sich auch ein besseres Gespür für Entwicklung an – das heißt für eine soziale Entwicklung, in der die Armen und Ausgegrenzten selbst ihre Situation verantwortlich gestalten können.

Dies sind die Träger des neuen Traumes. Überall auf der Welt sind sie anzutreffen. Es ist an uns, an die erlösende Kraft dieses Traumes zu glauben.

4. Trägt das Christentum zur Gestaltung des 21. Jahrhunderts bei?

Inwieweit ist das Christentum eine Hilfe bei der gewaltigen Aufgabe, unserem Zusammenleben wieder eine Dimension des Menschlichen zu geben? Was trägt es, gemeinsam mit anderen geistigen Traditionen der Menschheit, zu einer wirklich umfassenden Spiritualität bei? Was für Impulse gehen von ihm aus, damit die Menschen einen neuen Sinn für ihr Leben entdecken können?

Zunächst einmal müssen wir mit vielen anderen Theologen zugeben, daß das Christentum mit zu der augenblicklichen Krise beigetragen hat. Im Laufe der Geschichte hat es nämlich die Ideologie, der zufolge der Mensch Herr und Bezwinger der Natur ist, durch sein Verhalten, durch biblische Argumentationen und lehrmäßige Definitionen nur erhärtet.

Auch die Art und Weise, wie sich das Christentum seine gesellschaftlichen Strukturen aufbaute, indem es die Macht allein in die Hände der Kleriker legte, die Frauen aussortierte und die Laien beiseite schob, führte dazu, daß es selbst Teil der gegenwärtigen Krise wurde und nicht als einziger Bannerträger ihre vermeintliche Lösung ist. Mit den Augen des Südens betrachtet, ist es nach wie vor ausgesprochen eurozentrisch, westlich, auf Ausschluß bedacht und alles andere als universal.

Die Geste des bolivianischen Indianerführers Ramiro Reynaga bei dessen Begegnung mit dem Papst 1985 in dem südamerikanischen Land ist bezeichnend für eine ganze Richtung, wie heute kritisch gedacht wird. Im

Namen der Ureinwohner übergab Ramiro Reynaga dem Papst einen Brief, in dem es heißt: »Wir Ureinwohner der Anden und Amerikas haben uns entschieden, Ihren Besuch zu nutzen, um Ihnen Ihre Bibel zurückzugeben. Im Laufe von fünf Jahrhunderten hat sie uns weder Liebe noch Frieden noch Gerechtigkeit gebracht. Bitte, Heiligkeit, nehmen Sie Ihre Bibel wieder, und geben Sie sie unseren Unterdrückern zurück; denn die haben ihre moralischen Vorschriften nötiger als wir. Seitdem Christoph Kolumbus hier gelandet ist, sind Amerika Kultur, Sprache, Religion und Werte aufgezwungen worden, die allesamt europäisch sind. Das Schwert, mit dem die Spanier bei Tage den Körper der Indianer angriffen und umbrachten, wurde bei Nacht zum Kreuz, mit dem sie der indianischen Seele nachstellten«. Johannes Paul II. verschlug's die Sprache. Doch er zeigte eine würdige Haltung: Er weinte.

Das offizielle Christentum steckt mit der Kultur der Unterdrückung unter einer Decke. Von ihm ist nicht viel zu erwarten. Es sei nur an die Strategie erinnert, die die Kirchenverwaltungen im Zentrum und insonderheit im Vatikan verfolgen: die ganze Kirche wieder nach dem einen römischen Schema auszurichten, die Bischofskonferenzen an die Kandare zu nehmen, die Theologien, die sich am Rande des Systems entwickeln, zu kontrollieren und die Lehre mit Hilfe des Welteinheitskatechismus und anderer zentralistischer Kontrollmaßnahmen zu uniformieren. Natürlich wollen die Herren auch in Amerika und Afrika ein starkes Christentum; nur, es muß sich weiter an der Leine Europas führen lassen.

Doch es gibt nicht nur das offizielle Christentum, es gibt auch das Christentum in Gemeinschaften. Das

Christentum der Gemeinschaften kennt viel Formen, Gruppen, Bewegungen und theologische Strömungen, die versuchen, den Traum Jesu neu zu träumen. Sie alle bemühen sich um ein neues Paradigma von Christentum, das der Menschheit ebenso wie der Natur guttut.

Aus den vielen Perspektiven der jüdisch-christlichen Tradition, die uns helfen können, das 20. Jahrhundert zu einem guten Ende zu führen und hoffnungsvoll das 21. zu beginnen, möchten wir drei Punkte hervorheben: die Logik des wohlwollenden Hineinnehmens, das neue Bündnis und die Stärke der Schwachen. Der Dreiklang will eine Antwort sein auf die drei Hauptherausforderungen, die die gegenwärtige Antirealität mit sich bringt. Die drei Elemente dürfen in der neuen Spiritualität nicht fehlen.

a. Die Logik des grenzenüberschreitenden Hineinnehmens

Menschen mit Gewissen und Christen mit Bewußtsein für die Substanz ihres Glaubens fühlen sich zu Ende dieses Jahrhunderts von der einen brutalen Tatsache herausgefordert: Zwei Drittel der Menschheit sind Völker, die buchstäblich ans Kreuz geschlagen sind. Schon zu Beginn unserer Überlegungen sagten wir: Weltweit gesehen, fühlten sich die meisten Menschen vom Marktgeschehen ausgegrenzt; was sie in Bann halte, sei Elend und Tod.

Ohne Zweifel werden die Armen das Todesurteil, das die Reichen über sie gefällt haben, nicht einfach resigniert hinnehmen. Sie werden kämpfen und sich um

Solidarität über alle Erdteile hinweg bemühen. Sie wollen überleben und an der gemeinsamen Bestimmung von Gerechtigkeit und Leben teilhaben.

Für den Fall, daß die Kirchen heute die gekreuzigten Völker nicht ernstnehmen, verstehe ich nicht mehr, was sie da überhaupt noch reden, wenn sie das Kreuz, den gekreuzigten Christus und die Auferweckung des Gekreuzigten im Munde führen. Für den Fall, daß sie heute das Schreien der Unterdrückten auf der Welt nicht hören, wie werden sie dann die Stimme Gottes hören wollen? Der Gott der Schriften heißt jedenfalls ›Gott des Schreis‹ und ›Gott des Lebens‹. Er jedenfalls hört das Geschrei der Sklaven in Ägypten und das Wehklagen der Verschleppten in Babylon, wie er das Seufzen jedes leidenden Herzen hört.

Für den Fall, daß wir die Frage der Armen und Elenden in der Welt nicht in den Mittelpunkt unseres Denkens und Handelns als Christen rücken, werden wir das Christentum nicht vor Zynismus bewahren können, und wir bestätigen nur die, die behaupten, es habe seine Rolle in der Geschichte ausgespielt.

Doch das ist aus tausend Gründen unannehmbar. Wir würden den Armen und Unterdrückten eine ausgesprochen wirksame Waffe nehmen. Immerhin kann das Christentum für sie ja auch ein mächtiger Verbündeter sein. Und schließlich sind wir Jünger und Jüngerinnen eines Armen, eines politischen Häftlings, eines zum Tode Verurteilten, eines ans Kreuz Geschlagenen, Jesu von Nazaret.

Es geht darum, daß wir die Schmerzen derer, die da am Kreuz hängen, lindern, sie vom Kreuz herabholen und sie bei ihrer Auferstehung unterstützen. Doch vor alledem geht es darum, daß wir ihnen die frohe Botschaft übermitteln: Wenn Gott irgendwo in dieser Welt anzutreffen ist, dann an ihrer Seite! Gott wird gekreuzigt in den Gekreuzigten unserer Geschichte. Aber vom Kreuz herab schreit er nach Leben und Auferweckung.

In diesem Kontext erinnern wir uns als Christen unserer Ursprünge, die ja auch mit Verstoßenen und Gekreuzigten zu tun haben. Nie dürfen wir aufhören, die Geschichte der Solidarität zu erzählen. Im Deuteronomium heißt es: »Mein Vater war ein heimatloser Aramäer« (26,5). Im zweiten und ersten Jahrtausend vor Christus bezeichnete das Wort ›Aramäer‹ kein bestimmtes Volk, sondern Menschen verschiedener Herkunft, ob in Mesopotamien, Palästina oder Ägypten, die aber alle von der herrschenden Ordnung ausgeschlossen waren. Auf der Suche nach Arbeit irrten sie hierhin und dorthin. ›Hebräer‹ waren eine verrandete Untergruppe der Großgruppe der ›Aramäer‹. In Ägypten waren die Hebräer in Sklaverei geraten. Auf sie bezieht sich das Exodusbuch, das Gott bekanntlich sagen läßt: »Ich habe das Elend meines Volkes in Ägypten gesehen, und ihre laute Klage über ihre Antreiber habe ich gehört … Ich bin herabgestiegen, um sie der Hand der Ägypter zu entreißen« (Ex 3,7–8). So gibt sich Gott als der »Gott der Hebräer« (Ex 10,1–3) zu erkennen, das heißt als der Gott der Ausgestoßenen und Unterdrückten, die sich danach sehnen, endlich befreit zu werden.

Wenn Gott aber für die ›Hebräer‹ von gestern und heute – mit anderen Worten: für alle Ausgegrenzten – optiert, dann läuft er damit Sturm auch gegen die gegenwärtig geltende Ausschluß-Logik des weltweit tonangebenden Gesellschaftssystems. Gott nimmt alle in seine Arme, an erster Stelle jedoch die ›Hebräer‹ aller Völker und die Verdammten der Erde.

Vielleicht verschafft diese Wahrheit den Unterdrückten mit der Last ihres Kreuzes, die in irgendeiner Weise Bezug zum Glauben haben, Erleichterung. Vielleicht gibt sie ihnen auch Hoffnung. Auf jeden Fall ist Gott mit ihnen.

Der entscheidende Punkt aber ist, daß wir sie vom Kreuz herabholen. Doch das wird uns nur gelingen, wenn wir – wie bereits angedeutet – zur Schaffung einer sozialen Demokratie, einer neuen Wirtschaftsordnung und einer anderen Politik beitragen. Politik darf nicht weiter bloß eine Technik zur Macht- und Herrschaftsausübung sein, sondern muß ein liebevolles Bemühen um das *Gemeinwohl* für Mensch und Kosmos werden. Wir müssen den Weg freimachen von einer Wirtschaft des unbegrenzten Wachstums hin zu einer Wirtschaft des ausreichenden Maßes für alle. Auch nach Abschluß des kalten Krieges fließen Jahr für Jahr noch immer drei Billionen US$ in die Maschinerie des Todes, das heißt in atomare und chemische Waffen. Dieses ganze Geld wäre besser investiert in Wohnung und Nahrung, Gesundheit, Erziehung und Freizeitmöglichkeiten für alle Menschen. Nur: Warum tun wir das eigentlich nicht?

Die Gekreuzigten vom Kreuz holen ist wichtig. Noch wichtiger aber ist, Bedingungen für die Möglichkeit der Auferstehung zu schaffen. Ein armes, zertretenes Volk auferstehen lassen heißt: sich auf seine Seite schlagen, damit es in Frieden mit anderen Völkern zusammenleben, sich in Einklang mit seinen humanitären Idealen entwickeln, seine Seele im Stil seiner Kultur ausdrücken und sich dank seinem Glauben und seinem Gebet als Freund und Volk Gottes fühlen kann.

Was tun wir als Christen und als Kirchen da, um solch armen Völkern diese Hoffnung zu ermöglichen? So etwas geht nur, indem wir die Option für die Armen ernstnehmen. Für die Armen optieren aber heißt: für die Mehrheit der Menschen optieren, mit ihren Tragödien und Hoffnungen. In dem Maße, in dem sich die Kirche zur Kirche der Armen macht, wird sie wahrhaftiger, insofern sie dann ja konsequenter dem armen Jesus nachfolgt. In den Armen und An-den-Rand-Gedrängten ist Kirche direkt Kirche der Armen. In den anderen, die nicht arm sind, aber ihre solidarische Option für die Armen getroffen haben, wird sie implizit Kirche der Armen. Im 21. Jahrhundert werden 70% der Christen in den Ländern leben, die heute die Dritte Welt bilden. Dann werden wir verstehen, was der bedeutende deutsche Theologe Johann Baptist Metz, der übrigens ein Bündnispartner der Theologen der Befreiung ist, gesagt hat: »Dann wird die katholische Kirche in der Tat eine Kirche der Dritten Welt sein – mit geschichtlichen Wurzeln in der Ersten Welt«.

Niemandem darf die Tragödie der Armen egal sein. Wir alle sind darin verwickelt. Sind wir mit den Armen solidarisch, werden wir auch Kirche der Armen.

Die Option für die Verarmten und Verrandeten ist heute das Kriterium sowohl für die Universalität als auch für die Glaubwürdigkeit der Kirche. Um dieser Option willen müssen die Kirchen des Zentrums prophetischer werden, als sie bisher sind. Anstatt auf ihre Identität und ihre Interessen als Körperschaften bedacht zu sein, müssen sie sich mehr den einfachen Menschen und den Gekreuzigten der Geschichte zuwenden. Dadurch, daß sie diesen Menschen dienen und die Anliegen der Verdammten der Erde sowohl gegenüber den Entscheidungsträgern in Sachen Hilfspolitik als auch gegenüber der öffentlichen Meinung vertreten, entwickeln sie ihre Identität.

Christen kennen keine Ausgegrenzten. Alle leben unter dem Regenbogen der Liebe des Vaters. Dank dieser Option werden die Fernen zu Nahen und die Nahen zu Brüdern und Schwestern.

b. Der neue Bund im Blut

Unser Gott ist ein Gott, der im Elend Fleisch geworden ist und sich doppelt erniedrigt hat. Erniedrigt hat er sich zum einen, indem er als Gott Mensch wurde, und zum anderen, indem er sich bis zur äußersten Grenze des Menschseins herabließ: zu Armut und Unterdrückung. Am Tiefpunkt der Geschichte sieht Gott seinen Platz, dort, wo die Menschen nicht einmal mehr das Notwendigste zum Leben haben, wo sie entmenschlichendes Unrecht erleiden, wo sie gegen jedes Rechtsempfinden gekreuzigt werden. Natürlich ist dies nicht der einzige Ort, an dem wir ihm begegnen, wohl aber der vorrangige. Wer diesen Ort aus dem Auge verliert, läuft Gefahr, auch die anderen möglichen Orte zu verfehlen. In bewegender Weise erinnert daran immer wieder in seinen Schriften Jon Sobrino, der bekannte Theologe aus El Salvador, Freund und Berater des Märtyrerbischofs Oscar Arnulfo Romero und wie dieser mehr als einmal mit dem Tode bedroht. Mit anderen Worten: Gott hat sich das andere, und zwar das radikal andere zu eigen gemacht, das Sündersein. Paulus läßt es nicht an Schärfe mangeln, wenn er sagt: Gott habe die Gestalt des Fleisches und der Sünde angenommen (Röm 8,3).

Gott ist ein Bündnis mit dem anderen eingegangen. Gott geht mit dem anderen nicht um wie wir westlichen Menschen, die das andere als Bedrohung, als Konkurrenz und als Feind empfinden, der ausgeschaltet werden muß. Gott hat sich im Erlösungswerk der Schöpfung das andere zu seinem Bündnispartner in der Welt gemacht. Mit Christus hat Gott seinen Bund mit uns ein für allemal bestätigt. Das ist der Grund, weshalb es in Christus weder Machismus noch Feminismus gibt, weder Araber noch Türken, weder Schwarze noch Weiße, in Christus sind wir allesamt eine einzige Gemeinschaft von Brüdern und Schwestern, Bürger und Bürgerinnen der einen Welt.

Diesen neuen Bund hat er nicht mit Worten, sondern mit seinem eigenen Blut besiegelt. Nur: Dieses Blut ist nicht abgetan; dieses Blut fließt weiter im Blut der Türken, die in Deutschland von rassistischen Rechtsextremisten ermordet, im Blut von Straßenkindern, die in zahllosen brasilianischen und lateinamerikanischen Städten umgebracht, und im Blut der Yanomami-Indianer, die in Amazonien von Goldsuchern, aber auch von der Integrationspolitik der brasilianischen Regierung mit Ausrottung bedroht werden.

Diese Brutalitäten stellen eine Anfechtung für unseren Glauben an den bleibenden Bund Gottes in Jesus mit den Menschen dar. Voll grenzenloser Traurigkeit sagt deshalb Dom Pedro Casaldáliga, prophetischer Bischof im brasilianischen Amazonien: »Manchmal kommt mir das Verschwinden ganzer Völker vor wie ein absurdes Rätsel, wie ein geschichtlicher Wahnsinn, und mein Glaube ist total niedergeschlagen.«

Wir stehen also vor der Aufgabe, aus diesem Bund im Blut eine politische Gegenhaltung zu machen, das heißt: uns für die einzusetzen, die kulturell anders sind als wir; denn unsere Berufung besteht heute doch darin, eine universale Bürgerschaft zu praktizieren und eine planetarische Demokratie zu entwickeln.

c. Die Kraft der Schwachen

Manch einer wird sagen: »Wir sind doch nur ein paar Leute. Wie sollen wir da die weltweiten Verhältnisse verändern? Wie unsere molekularen Revolutionen in Gang bringen?« Auf diese Fragen hat die jüdisch-christliche Überlieferung eine besondere Antwort: Gerade im Kleinen entdeckt sie eine geheime Kraft – unter der einzigen Bedingung, daß es wahr ist. Israel, aus dem ja das Heil kommt, bezeichnen die Schriften als »das kleinste unter allen Völkern« (Dtn 7,7); und den Messias, den Befreier sehen sie im nachhinein in dem »von den Menschen gemiedenen« Gottesknecht (Jes 53,3). Das christliche Glaubensbekenntnis besagt, gerade in ihm habe sich für uns der Sinn des Weltalls realisiert. Wir müssen an die revolutionäre Kraft des Samens glauben. Die Umkehr des Herzens, das Anbrechen eines neuen planetarisch-solidarischen Bewußtseins, all die molekularen Revolutionen wie auch der Traum von einer kosmisch-sozialen Demokratie deuten an, was mit der ganzen Menschheit sein wird.

Doch das alles hat nur dann Zukunft, wenn wir von der Richtigkeit unseres Anliegens überzeugt sind und es unermüdlich, Tag für Tag in die Tat umsetzen. »Du wirst nur dann den Weg von zehntausend Schritten gehen, wenn du den Mut aufbringst zum ersten Schritt«, hat Mao-Tse-Tung mal gesagt. Ein Schwacher und ein Schwacher sind nicht zwei Schwache, sondern ein Starker; denn Einigkeit macht stark.

5. Wir sind alle Adler

Während meines Studiums in Deutschland[6] hörte ich mal eine kleine Geschichte, in der – obwohl wie ein Märchen klingend – doch ein wahrer Kern steckt. Mit dieser Geschichte möchte ich meine Überlegungen vorläufig beenden: Ein Bauer fing mal das Junge eines Adlers. Zu Hause steckte er es zu den Küken in den Hühnerstall, wo es größer wurde und sich augenscheinlich zu einer Henne entwickelte. Eines Tages kam ein Naturkundler, der etwas von Adlern verstand, bei dem Bauern zu Besuch. »Das da«, sagte der Naturkundler, »ist kein Huhn. Das ist ein Adler! Der scharrt ja auch nicht im Boden, wie Hühner sonst tun. Adler sind dazu berufen, hoch in der Luft zu fliegen und sich auf die Berge zu setzen.« »Doch«, widersprach der Bauer, »der ist ein Huhn geworden. Der fliegt nicht mehr.« »Ja«, so der Naturkundler, »der fliegt nur nicht mehr, in seiner Brust und in seinen Augen aber spürt er die Richtung der Sonne und den Ruf in die Höhe. Der wird noch mal fliegen.« Eines Morgens stiegen die beiden in aller Frühe in die Berge. Die Sonne ging gerade auf. Der Naturkundler hielt den Adler in der Hand, ließ ihn in die Sonne schauen und warf ihn in die Höhe. Da, mit einem Mal regte sich in dem zum Huhn gewordenen Adler der Adler. Er flog in die Höhe, taumelnd zunächst, dann

6 Leserinnen und Leser, die etwas mehr von meiner Person und Geschichte wissen möchten, erlaube ich mir, das Buch von *Horst Goldstein* zu empfehlen: Leonardo Boff. Zwischen Poesie und Politik (Theologische Profile), Mainz 1994.

aber zusehends sicherer. Immer höher stieg er, bis er schließlich in der Unendlichkeit des morgendlichen Himmels verschwand.

Menschen sind auch aus Träumen und aus Hoffnung gemacht. In jedem und in jeder von uns steckt ein Adler. Unsere Kultur hat mit all ihren Domestizierungsmechanismen Hühner aus uns gemacht, die im Boden scharren. Trotzdem: Wir sind für die Höhe, für die Unendlichkeit berufen. Ob wir den Adler, der sich in uns verbirgt, befreien können? Wir dürfen uns nicht zur Mittelmäßigkeit verdammen lassen. Zum Flug der Befreiung laßt uns starten! Und auch die anderen wollen wir mitreißen, weil wir ja alle einen Adler in uns tragen. Ja, wir alle sind Adler.

Schluß

Den Horizont der Utopie wiederfinden

Der Zusammenbruch der Ideale, die manche Menschen mit dem Sozialismus verbanden, wie auch die Kultur der Resignation, zu welcher der weltweit integrierte Kapitalismus geführt hat, lösten so etwas wie eine politische und geistige Land-unter-Stimmung aus. Mittlerweile legt sich die Ratlosigkeit allerdings wieder. Die inzwischen in globalem Maßstab operierende Ordnung des Kapitals hat kein einziges Problem, das uns der nominelle Sozialismus[1] hinterlassen hat, bisher gelöst. Im Gegenteil: Sie hat nur zur Verschlimmerung der Lage der Welt beigetragen. Ihrer eigenen Logik überlassen und ohne Opposition und Alternative, hat sie mit ihrem Totalanspruch die Situation der Armen in der Welt dramatisch verschlechtert. Wie der beschleunigte Akkumulationsprozeß zum einen die Armen noch ärmer gemacht und – was noch schlimmer ist – ihnen die Hoffnung genommen hat, so hat der Konsumismus zum anderen auch die Lebensqualität der Reichen ruiniert.

Der Vorwand, es gelte, den Sozialismus zu bekämpfen und zu verhindern, daß der Kommunismus seine Ideale in die Tat umsetze, sind dahin. Dem Kapitalismus ist jede Entschuldigung genommen. So gelingt es ihm auch nur noch kaum, seine Habgier zu zähmen und sein perverses Antlitz zu verbergen. Er sägt an beiden

1 Dagegen steht der reale Sozialismus als geschichtlich zu verwirklichendes Projekt immer noch aus.

Säulen, auf denen er die ganze Zeit über ruhte: an der Natur und an der Arbeitskraft. Die Natur plündert er barbarisch aus, und die Arbeitskraft setzt er nach Jahrhunderten der Ausbeutung ohne nennenswerte Absicherung massiv auf die Straße.

Nur kurzfristig denkende Geister glauben, der Markt sei die Lösung für die großen Probleme der Menschheit und der Neoliberalismus die höchste politische Form menschlichen Zusammenlebens. Naiv auch, wer meint, die Uniformisierung von Lehre und Sprache könne das Christentum wieder beleben. Im Gegenteil: Die Vereinheitlichung macht nur noch deutlicher, wie westlich und damit wie unwesentlich das Christentum doch ist, wenn man den menschlichen Prozeß mal aus einer globalen Perspektive betrachtet. Strategien der angedeuteten Art bestätigen nur weiter die Kultur der Ernüchterung, der Resignation und der Hoffnungslosigkeit.

Doch das Szenarium ist dabei, sich zu ändern. Überall auf der Welt, wenn auch in unterschiedlicher Intensität, ist zu spüren, daß sich die Land-unter-Stimmung legt. Der über die Ufer getretene Fluß ist in sein natürliches Bett zurückgekehrt, und die Wellen schlagen wieder normal. Ganz allmählich kündet sich eine neue Hoffnung an. Die neue Hoffnung wurzelt in einer neuen Bewußtseinsebene, die ihrerseits auf einer neuen Erfahrung gründet: der Erfahrung nämlich, daß wir Menschen eine große Familie bilden, die allerdings nicht nur die Menschen umfaßt, sondern das ganze System ›Erde‹ einschließt, mit all seinen Wesen, Körpern und lebenden Elementen, mehr noch: daß der ganze Kosmos ein großer, unser großer Körper ist. Wir bilden eine gewaltige sozio-kosmische Gemeinschaft. Die Sterne sind unsere Schwestern und die physikalisch-chemischen Elemente, aus denen die Wesen nun mal bestehen, unsere Brüder.

Allen gegenteiligen Eindrücken zum Trotz haben wir als globale Gemeinschaft eine gemeinsame Bestimmung. So wächst denn auch das planetarische Bewußtsein dafür, daß wir mitverantwortlich sind für Existenz und Leben aller. Alles, was existiert und lebt, verdient es, zu existieren und zu leben. Alle Wesen haben ein Recht auf Zukunft und ökologische Verhältnisse, die ihnen zu leben ermöglichen.

Alles Neue beginnt damit, daß es sich in Bewußtsein und Gewissen der Menschen ankündigt. So denkt man schon seit geraumer Zeit an eine planetarische Zivilisation und eine weltweite Bürgerschaft. Blöcke bilden sich, und Wirtschaften operieren über ganze Erdteile hin. Immer mehr Institutionen tauchen auf, die die ganze Welt in den Blick nehmen und mit ihrer Politik die ganze Menschheit anvisieren. Erste Anzeichen eines neuen Denkens.

Zugegeben: Der planetarische Prozeß entwickelt sich unter großen Widersprüchen. Noch gibt die nationalstaatliche Betrachtungsweise den Ton an, wohingegen sich die Ökologie an keine Grenzen mehr hält. Die Verschmutzung der Atmosphäre und das Ozonloch gehen primär auf das Konto der Industrieländer, die ja immerhin 80% der Luft- und Wasserverschmutzung in der Welt verursachen; doch auch Länder und Regionen, die keine geographischen Grenzen mit den Verschmutzerstaaten haben, sind betroffen und können sich den zerstörerischen Folgen nicht entziehen. Die Gesellschaften sind noch immer Geiseln alter Paradigmen, die die Erfahrungen der Menschen aufspalten in Ethnien,

Klassen, Ideologien und Religionen, während doch alle diese Kategorien relativiert werden müssen, das heißt in Relation gesehen werden müssen zum umfassenden Prozeß der Planetarisierung und der Entwicklung der Menschen zu einer einzigen, aber differenzierten Menschheit. Unterdessen zerreiben sich die verschiedenen Kulturen weiter. Was früher Balkanisierung hieß, ist noch lange nicht vorbei. Aus Furcht, zu verlieren, was sie über Jahrhunderte aufgebaut haben, werden die Kulturen aggressiv und beschäftigen sich nur noch mit sich selbst. So werden sie immer konservativer, wenn nicht reaktionär. Ergebnis ist eine Welle von Fundamentalismus und von Ausgrenzungen, die in weiten Gegenden der Welt nur so grassieren.

Die Logik von Identität und Differenz ist zu simpel, als daß sie die Kulturen noch retten könnte. Was wir brauchen, ist eine Logik des Dialogs, die sich auch anderen Mustern öffnet, wahrnimmt, was diese zu sagen haben, und die Lektionen der darin steckenden Weisheit beherzigt, ohne den eigenen inneren Reichtum preiszugeben. Dialogale Logik fußt auf dem perichoretischen[2] Logos, das heißt auf einem Logos, der aus der gegenseitigen Wechsel- und Rückbeziehung aller mit allen lebt. Der perichoretische Logos spiegelt das Sosein der Dinge wider. Er vermittelt die Fähigkeit, das Gegenteil, ja selbst noch den Widerspruch im Horizont des großen Systems des Lebens und der Menschheit als Ergänzung zu betrachten. Er wehrt dem Ansinnen, eine Einzelexistenz, die sich als stärker erweist denn andere Einzelexistenzen, unter dem Vorwand, sie stelle die Univer-

2 Das griechische Wort Peri-chorese heißt so viel wie: Spiel aller mit allen, mit allen Beziehungen.

salität dar, zu verallgemeinern. Universalität gibt es nur in der vielseitigen Verbindung konkreter Einzelwesen, die sich achten und schätzen, im Gespräch miteinander sind und gemeinsam dem Geheimnis der Welt und des Lebens nachspüren und dienen.

Im Rahmen all dieser Widersprüche sind weder die wachsende Planetarisierung noch das Ansteigen des kollektiven Bewußtseinsstandes aufzuhalten. Wer mit dem Hinweis auf die Widersprüche meint, das Neue in Frage stellen zu können, hat sicher recht in dem, was sie offenlegen, unrecht aber in dem, was sie verbergen, das heißt: in dem Neuen, das da anbricht. So brutal die Realität der Dinge auch sein mag, nie ist sie realistisch genug, weil zum Realen nämlich als reale Dimension immer auch das Potentielle und Utopische gehören. Purer Realismus verdammt zu Fatalismus, Resignation und Verzweiflung. Das Potentielle und Utopische, verstanden als Dimension des Realen und nicht als Widerspruch dazu, eröffnen uns eine Perspektive in die Zukunft und markieren den Horizont der Utopie, aus dem uns Kräfte zur wohlwollenden Arbeit am Neuen und Noch-nie-Dagewesenen erwachsen.

Unsere nunmehr zu Ende gehende Schrift möchte Mut machen, diesen utopischen Horizont in den Blick zu nehmen. Jenseits der weltweiten Krise kündigen sich wirklich neue Dinge an. Im Sinne des Bildes, das wir soeben vorgestellt haben, kommt es darauf an, dem Adler Flügel wachsen zu lassen, damit er vom Boden abheben und sich in die Lüfte schwingen kann. Dazu darf er nur keine Angst vor der Sonne haben. Er muß die Hoffnung in sich keimen lassen, die bisher noch im Schatz der Möglichkeiten verborgen ist.

Der portugiesische Dichter Fernando Pessoa hat recht, wenn er sagt, der Mensch sei so groß, wie er die Dinge sehe, und nicht, wie viel Zentimeter er messe. Von seiner Statur her ist der Mensch alles andere als groß, um nicht zu sagen: winzig. In der beinahe grenzenlosen Weite des Weltalls verliert er sich nahezu. Doch ist es ihm gegeben, über die Grenzen des Universums hinauszusehen und den Herzschlag der anderen, ja Gottes selbst zu fühlen. Mit den Füßen steht er auf dem Grunde des Tales, aber sein Blick haftet an den Spitzen der Berge, wenn nicht an den Strahlen der Sterne. Ja, Abgründe und Sterne schließen sich für ihn nicht aus. So dürfen wir hoffen über alle Widersprüche hinaus. Das ist der Sinn der vorliegenden Erörterungen.